Frauen aus aller Herren Länder

Ein Lese- und Bilderbuch zur gleichnamigen Ausstellung

Schmetterling Verlag

Herausgeberinnen:
Arbeitskreis „Frauen aus aller Herren Länder": Mara Rúbia de Andrade, Ines Franke de Rivas, Ingeborg Kaestner, Rosie Gerth von Knebel, Priscilla Harris Brosig, Ute Heckroth, Soo Za Lee, Usche Merk, Barbara Newels, Dorothée Oehm-Häneke, Parisa Pasta, Hildegard Schürings

Doris Leupold, Jan. 91

Schmetterling Verlag
GbR Jörg Hunger und Paul Sandner
Waiblinger Str. 20A
7000 Stuttgart 50

ISBN 3-926369-12-4
1. Auflage, 1990
Printed in Germany

Redaktion: Hildegard Schürings

Grafik: Ulrich Pflaum, Frankfurt
Satz: Text und Typographie, Plankstadt
Repros und Druck: Offsetdruck Ginnheim, Frankfurt

Diese Veröffentlichung wurde durch die finanzielle
Unterstützung des Ausschusses für entwicklungsbezogene Bildung und Publizistik (ABP), Stuttgart, und
des Solifonds der GRÜNEN ermöglicht.

Dieses Lese- und Bilderbuch ist aus der gleichnamigen Ausstellung entstanden.
Die Ausstellung wurde erarbeitet vom Arbeitskreis "Frauen aus aller Herren Länder": Mara Rúbia de Andrade, Ines Franke de Rivas, Ingeborg Kaestner, Rosie Gerth von Knebel, Priscilla Harris Brosig, Ute Heckroth, Angelika Heinemann, Soo Za Lee, Usche Merk, Jaqueline Moraes Varjâo, Barbara Newels, Dorothée Oehm-Häneke, Hildegard Schürings,
unter Mitarbeit von: Mahnaz Golshan, Brigitte Bank-Salzer, Ronald Filkas, Monika Franzke, Parisa Pasta, Eva Pelkner, Nelida Schulz, Irandokht Shahbakhshi,
Autonome Iranische Frauenbewegung im Ausland e.V.
Chilenische Frauengruppe im Exil
Frauenbegegnungsstätte Offenbach
Koreanische Frauengruppe in der Bundesrepublik und West-Berlin, Ortsgruppe Frankfurt
Mutter Kind Beratungszentrum e.V. – Interkultureller Treffpunkt für Frauen und Mädchen, Frankfurt-Bornheim
Die Erarbeitung der Ausstellung wurde materiell unterstützt durch:

- **Aktion Selbstbesteuerung (asb), Stuttgart**
- **Amt für Wissenschaft und Kunst der Stadt Frankfurt**
- **Ausschuß für entwicklungsbezogene Bildung und Publizistik (ABP), Stuttgart**
- **Frauen(öko)fonds der GRÜNEN**
- **Professur "Pädagogik: Dritte Welt", Universität Frankfurt**

und durch Hilfeleistungen einiger Männer und ungezählte, unbezahlte Arbeitsstunden der beteiligten Frauen.

Inhalt

Geschafft!
Am 7. Dezember 1988 wurde die Ausstellung zum erstenmal im Dritte Welt Haus in Frankfurt eröffnet.

Frauen aus aller Herren Länder

Wege und Utopien

Viele Länder dieser Welt gehören den Herren. Dieses ist nicht nur ein Gefühl von Frauen, sondern wird auch durch statistische Daten, z.B. aus der Wirtschaft, aus dem sozialen Leben, aus Stellenplänen fast aller Organisationen und Behörden, belegt. Es war eines unserer Motive, die hiesigen gesellschaftlichen Verhältnisse genauer zu reflektieren.
Wir sind ein Arbeitskreis von Frauen, die seit fünf Jahren zusammenarbeiten. Dieses Lese- und Bilderbuch ist ein Ergebnis unserer Arbeit.
Aus Seminaren im Bereich „Pädagogik: Dritte Welt" an der Johann Wolfgang Goethe-Universität Frankfurt ist der Kreis entstanden. Frauen aus anderen Arbeitsfeldern kamen dazu. Sehr unterschiedliche Erfahrungen und Interessen führten uns zu einer gemeinsamen Aufgabe: die Arbeits- und Lebensbedingungen von Frauen aus vielen Ländern zu untersuchen. Wir fragten, wie es zur ‚Unterentwicklung' gekommen ist, welche Formen der Benachteiligung und Unterdrückung von Frauen in Ländern des Südens bestehen und wie diese theoretisch erklärt werden. Über Seminare und Diskussionsreihen lernten wir viele Frauen kennen, die Wege aufzeigten, sich dagegen zu wehren.

Unsere Bezugspunkte zur sogenannten Dritten Welt sind sehr verschieden. Einige Frauen sind dort geboren, andere haben dort gearbeitet. Über Bildungsarbeit mit Frauen und die Mitarbeit in politischen Organisationen kamen wir mit Frauen ins Gespräch. Fast immer haben sie wegen ihres Frau-Seins besondere Benachteiligungen erfahren.
Unsere Ausgangspunkte werden im Beitrag „Ein Projekt entsteht nicht aus dem Nichts" am Ende dieses Buches beschrieben.

Diese Veröffentlichung begleitet die gleichnamige Ausstellung. Die Idee einer Ausstellung entstand, als wir unser Nachdenken, unsere Analyse öffentlich machen wollten, damit auch andere Frauen und Männer daran teilhaben können. Wir wollten sie anregen, selbst tätig zu werden und uns hinterfragen lassen. Zur Vorbereitung haben wir an Veranstaltungen und Aktionen anderer Frauengruppen teilgenommen. Wir lernten Neues über Gewaltformen und Zwänge, über die Möglichkeiten von Frauen, Widerstand zu leisten und sich zu organisieren. Wir haben erfahren, wieviel aktives und kreatives Potential Frauen haben, ihre eigene Situation zu analysieren und zu verändern und somit eingefahrene Wege zu durchkreuzen. Das Auseinandersetzen und Miteinandersetzen mit fremden Frauen ist auch immer ein In-Frage-Stellen des eigenen Frau-Seins und der Fremden in uns selbst.
Aus dem Lernen über Ferne näherten wir uns der eigenen gesellschaftlichen Situation, der Blick von außen öffnete andere, neue Sichtweisen und Offenheit für unsere eigenen Lebenszusammenhänge in der Stadt Frankfurt, die wir beleben.

Die Situation von Frauen aus Ländern des Südens in Frankfurt stellt sich sehr unterschiedlich dar, je nach ihrer gesellschaftlichen wie regionalen Herkunft und ihrem Interesse am Aufenthalt in der Bundesrepublik. Sie unterscheidet sich auch von jener der Männer. Ihr Status wird bestimmt durch die Position, die sie in ihrer eigenen Gesellschaft innehaben, durch die Stellung von Frauen in unserer Gesellschaft und die Rolle als Ausländerin.
Diese alltägliche (Nicht-)Erfahrung der Gegebenheiten wurde zum Ausgangspunkt, um über uns und unsere Beziehungen zwischen den Frauen aus verschiedenen Welten auf persönlicher, sozialer wie politischer Ebene zu reflektieren. In einem gemeinsamen Lernprozeß wollten wir die interkulturellen Konflikte und Lösungspotentiale erfahren und öffentlich machen. Unser eigenes Lernen sollte gesellschaftlich relevant werden. Dieser Lern- und Erfahrungsprozeß ist nicht abgeschlossen, wir arbeiten weiterhin an einer solidarischen Praxis.

Wir haben viele Fragen, auf die wir Antworten suchen: Welche Gruppen von Frauen und Männern (und unsere eigene Gruppe wird nicht ausgenommen) setzen sich aus welchen Motiven und für wessen Interessen für Frauen in der sogenannten Dritten Welt und aus dieser Sogenannten ein? Welche Organisationen und Institutionen planen Projekte für Frauen in dieser Welt oder unterlassen dies? Wie entwickeln sie ihre Konzepte, setzen sie um, und welche Ergebnisse werden erwartet und erreicht? Auf der Suche nach Antworten und beim Entdecken neuer Fragen wurde abwechselnd in Arbeitsgruppen und in der Gesamtgruppe gearbeitet.

Teilnehmerinnen von Seminaren unterstützten den Arbeitskreis durch inhaltliche Anregungen, bei der Dokumentation der Vortragsreihen[1] und durch organisatorische Hilfen.
Zahlreiche Frauen und Frauengruppen in Frankfurt und Offenbach, die wir bei den vorbereitenden Diskussionen kennengelernt haben, wirkten an der Gestaltung der Ausstellung mit.

Wichtig ist für uns, daß sich der Lern- und Forschungsprozeß permanent verändert. Wir wollen aus der Aktion Erkenntnisse gewinnen, die das Handeln und uns verändern. Das Verhältnis „Forscherinnen" und „Erforschte" soll neu bestimmt werden.
Wir wollen die eigenen Interessen und Betroffenheit offenlegen und reflektieren (über den eigenen Rassismus und Sexismus nachdenken, über Schuld oder Beteiligtsein). Die Veröffentlichungen und die sich daraus ergebenden Diskussionen verändern wiederum unsere Erkenntnisse.
Globale Sichtweisen und Vorurteile werden gebrochen, die Grenzen zwischen „wir" und „die" klarer und zugleich durchlässiger. Interkulturelles Lernen kann sich nur in der Praxis vollziehen.

[1] Vgl. Pädagogik: Dritte Welt, Universität Frankfurt, Werkstattbericht 6: Ländliche Entwicklung- Konzepte, Umsetzungen; Frauen als Trägerinnen von Entwicklung. 1986
Werkstattbericht 9: Frauen in aller Herren Länder — Alltag und Organisationsformen. Pädagogik: Dritte Welt, Universität Frankfurt 1987.

Für dieses Lernen müssen Orte geschaffen werden, ein solcher Lernort sollte die Ausstellung werden. Nach monatelanger Arbeit, während vieler Tage und Nächte, in denen wir formuliert, geschrieben, fotografiert, gebastelt, geklebt, geschnitten, kopiert, verworfen und wieder neu angefangen haben, wurde die Ausstellung Ende 1988 zum erstenmal öffentlich gezeigt.

Während all dieser Jahre haben wir uns die Entscheidungen nicht leicht gemacht, manchmal auch zu schwer. Es kam vor, daß wir bis an die Grenzen unserer Kräfte gearbeitet haben, da wir ‚nebenher' Geld verdienen, Kinder versorgen und Hausarbeit erledigen müssen. Und doch war jeder Schritt in diesem Lern- und Veränderungsprozeß notwendig, über dessen Ergebnisse wir uns freuen.

Wahrscheinlich waren es neben dem Überzeugt-Sein, daß unsere Arbeit wichtig ist, auch die Anerkennung durch andere, die uns soviel Mut und Energie gegeben haben. Wir möchten allen für diese Unterstützung herzlich danken.

Die **Ziele dieses Lese- und Bilderbuches und der Ausstellung** sind, die Beziehungen zwischen Frauen aus aller Herren Länder, aus Ländern der sogenannten Dritten Welt und Menschen, Behörden, Organisationen und Unternehmen in Frankfurt aufzuzeigen. Wir wollen die Stärke von Frauen zeigen, ihre Initiativen, sich zu organisieren, um ihre Welt zu verändern. Die Stadt Frankfurt steht hier als Beispiel für Situationen, Beziehungen, Zwänge, Probleme und Chancen, die auch in anderen Städten der BRD vorhanden sind.

Wir wollen andere anregen, ihre eigene Lebens- und Arbeitswelt zu untersuchen, unter neuen Blickwinkeln Fragen zu stellen, an sich, an andere, an Frauen und Männer, an Regierende und an all jene, die Entscheidungen treffen, meist ohne bisher Frauen dazu befragt, geschweige denn beteiligt zu haben.

Die Beiträge thematisieren verschiedene Verflechtungen, die sich weltweit in immer neuen Formen darstellen.

Die Benachteiligung oder Nicht-Berücksichtigung von Frauen in den **Internationalen Beziehungen**, der Entwicklungszusammenarbeit, wie sie genannt wird, die Auswirkungen der Verschuldung auf ihre Lebens- und Arbeitsbedingungen werden gezeigt. Aus dieser Situation stellen Frauen aus vielen Ländern Forderungen, mitzuwirken an den Entscheidungen, die ihr Leben verändern.
Die Folgen der **Internationalen Arbeitsteilung** am Beispiel der Bekleidungsfirma Adler, die in Frankfurt zwei Verkaufsstellen unterhält, in einer Freihandelszone in Südkorea und die Solidaritätsaktionen in der BRD mit den Arbeiterinnen in Südkorea werden thematisiert.
Die politischen Bedingungen, Zwänge, Gewalt und andere Situationen, die Frauen zur **Flucht und Migration** bewegen, und Erfahrungen in der Bundesrepublik werden durch Lebensgeschichten von fünf Frauen aus Argentinien, Palästina, der Türkei, Chile und dem Iran aufgezeigt.
Sprache als Mittel von ,Herr'schaft, Sprache, um Gelebtes zu verarbeiten, sich zu entdecken, Sprache als Hindernis, Sprache zur Aneignung einer neuen Lebenswirklichkeit, Sprache als Möglichkeit, sich zu befreien, Sprache als Brücke, dieses sind Themen, die mit Frauen erarbeitet wurden, die sich der deutschen Sprache annähern.
Die Lebensbedingungen von **ausländischen Studentinnen** und ihre Erfahrungen werden dargestellt. Mara, Brasilianerin, beschreibt, wie sie sich auf ihren Wegen in Brasilien und in der Bundesrepublik als Frau entdeckt.
Geschäfte mit Armut und Träumen werden schon sehr lange gemacht, wie im internationalen Frauenhandel, mit dem sogenannten Prostitutionstourismus, z.B. in Südostasien, mit der Ausbeutung der Frauen hier wie dort und mit dem internationalen Heiratsmarkt. Dagegen wehren sich Frauen in Südostasien wie in der Bundesrepublik, in dem sie sich organisieren, aufklären, Forderungen an die Regierungen stellen.

Hinweise auf Literatur zu den Themen geben Hintergrundinformationen für Gespräche in Frauengruppen, in Schulen, in der Erwachsenenbildung, in Ausländerbehörden, in Parteien, Regierungsstellen und anderen Organisationen.

Fast alle Arbeiten für diese Veröffentlichung wurden, wie geradezu normal für Frauenarbeit, von den Frauen unbezahlt geleistet. Sachmittel haben wir von verschiedenen Organisationen, die zu Anfang genannt sind, erhalten. Wir möchten ihnen sehr herzlich danken, besonders auch der Professur „Pädagogik: Dritte Welt" der Universität Frankfurt und all jenen Helfern und Helferinnen, die hier ungenannt geblieben sind. Denn sonst hätten wir die Arbeit trotz der "Selbstausbeutung" wohl doch nicht geschafft. Weil die Inhalte dieser Arbeit uns nicht fremd sind, hat sie uns neben all der Mühsal auch sehr viel Lust und Spaß gemacht.

Wir wünschen bei der Lektüre Neugier, Offenheit, Lust und Mut, unsere Arbeit ein Stück zu unterstützen, in dem Sie selbst tätig werden.

Frankfurt am Main, im Juni 1990

Die Herausgeberinnen

INTERNATIONALE BEZIEHUNGEN

Die Beziehungen zwischen Institutionen, Gruppen, Einzelpersonen in den Industriestaaten und Organisationen, Frauen und Männern in den Ländern des Südens sind vielfältig. Häufig sind sie durch ein Machtgefälle gekennzeichnet, das besonders auf wirtschaftlichem Reichtum und damit verbundener politischer Durchsetzungskraft beruht. Gesellschaftliche Prozesse, Leben und Arbeiten in den Ländern der sogenann-

… doch die Frauen werden von der Entwicklungshilfe vergessen oder oft benachteiligt …

ten Dritten Welt werden oft durch Entscheidungen, die im Norden gefällt werden, beeinflußt. Dabei haben die Frauen und Männer, auf die diese Entscheidungen wirken, fast nie die Möglichkeit, ihre Wünsche und Forderungen durchzusetzen. Am Beispiel der Entwicklungszusammenarbeit werden die Folgen der Politik von Institutionen im Raum Frankfurt auf die Situation von Frauen beschrieben.

Zwei der größten Organisationen der bundesdeutschen Entwicklungszusammenarbeit sind die

Kreditanstalt für Wiederaufbau (KfW), Frankfurt, und die **Deutsche Gesellschaft für Technische Zusammenarbeit (GTZ)** in Eschborn.

So wird ein Entwicklungsprojekt der staatlichen Zusammenarbeit vorbereitet und durchgeführt

Dieses vereinfachte Schema zeigt die wichtigsten Schritte von der Formulierung einer Projektidee bis zur Durchführung und der Prüfung des Erfolgs.

KfW = Kreditanstalt für Wiederaufbau, Reg. = Regierung,
GTZ = Deutsche Gesellschaft für Technische Zusammenarbeit,
EL = Entwicklungsland, Org. = Organisation, dt. = deutschen

Reg. des EL erarbeitet Projektvorschlag oder Dritte schlagen Projekt zur Finanzierung durch die Bundesregierung vor.

BMZ prüft die Projektidee unter Einschaltung der Durchführungsorg. (in der Regel GTZ oder KfW) unter allgemeinen entwicklungspol. Kriterien.

BMZ beauftragt Durchführungsorg. mit der Prüfung des Projekts.

Durchführungsorg. prüft Projekt und legt Prüfungsbericht vor.

BMZ wertet Prüfungsergebnisse aus und entscheidet über Förderungswürdigkeit.

Bundesregierung schließt völkerrechtliche Vereinbarung mit Reg. des EL.

BMZ beauftragt Durchführungsorg. mit der Abwicklung des dt. Förderbeitrags für das Projekt.

Projektträger im EL führt das Projekt durch, zu dem ein dt. Förderbeitrag erfolgt.

Während der Projektdurchführung prüfen das EL, Durchführungsorg. und BMZ, ob Projekt planmäßig realisiert wird.

Nach Projektende prüfen EL, BMZ, dt. Durchführungsorg. und ggfs. Bundesrechnungshof ordnungsgemäße Mittelverwendung u. Zielerreichung.

(erstellt vom BMZ = Bundesministerium für wirtschaftliche Zusammenarbeit)

KfW Kreditanstalt für Wiederaufbau

So stellt einer der Direktoren die Arbeit der Kreditanstalt für Wiederaufbau (KfW) dar:

Rheinischer Merkur 11. DEZ. 87

Deutsche Entwicklungsbank

Partner und Ratgeber

Jeder nennt sie „Weltbank", dabei lautet ihr offizieller Name „Internationale Bank für Wiederaufbau und Entwicklung". Sie ist der Prototyp der internationalen Entwicklungsbank, gegründet 1944. Beim Namen ihrer vier Jahre jüngeren deutschen „Schwester", der Kreditanstalt für Wiederaufbau (KfW), fehlt das Wort Entwicklung. Dabei ist sie heute die deutsche Entwicklungsbank, über sie läuft die deutsche bilaterale Kapitalhilfe, rund 50 Milliarden Mark seit Anfang der sechziger Jahre, etwa ein Drittel der gesamten deutschen öffentlichen Entwicklungshilfe. In ihrem umfangreichen Aufgabenbereich der inländischen Wirtschaftsförderung unterstützt die KfW darüber hinaus mit langfristigen Krediten die private und öffentliche Investitionstätigkeit, vor allem zugunsten kleiner und mittlerer Unternehmen und im Umweltschutz, sowie den Export deutscher Anlagen vorwiegend in Entwicklungsländer. Mit rund 94 Milliarden Mark Bilanzsumme im Jahr 1986 gehört die KfW als Kreditinstitut, dessen Kapital vom Bund und den Bundesländern gehalten wird, zu den zehn größten Banken in der Bundesrepublik.

Bei der KfW sind zur Zeit etwa 1500 Vorhaben der finanziellen Zusammenarbeit (FZ) in Bearbeitung, fast 1200 weitere Projekte sind abgeschlossen. Was heißt aber „in Bearbeitung"? Charakteristisch für eine Entwicklungsbank ist, daß ihre Arbeit schon weit vor der eigentlichen Finanzierung beginnt und bis in den dauerhaften Projektbetrieb hineinreicht. So sind die 200 Professionals in diesem Bereich der KfW zwar alle Finanzierungsfachleute, die Ökonomen und Ingenieure sind aber außer mit Finanzierungsfragen ebenso mit der Lösung technischer, wirtschaftlicher, ökologischer und sozio-kultureller Fragen bei der Planung, Durchführung und beim Betrieb ganz unterschiedlicher Projekttypen in den verschiedenen Entwicklungsländern befaßt. Vor allem in Afrika sind die Projektträger häufig so schwach, daß ohne die intensive Hilfestellung der KfW, etwa bei der Erstellung von Unterlagen für die Projektplanung oder bei der Schulung von Betriebspersonal, „nichts geht". Nicht selten müssen dort im Projektumfeld erst auch noch die Voraussetzungen dafür geschaffen werden, daß die Investitionen nicht binnen kurzem wieder brach liegen, beispielsweise weil Tarife für Wasser oder Energie weder volkswirtschaftlich noch betriebswirtschaftlich kostendekkend sind. Um Mißverständnissen vorzubeugen: Es geht immer um Projekte der Entwicklungsländer, nicht solcher des Bundesministeriums für wirtschaftliche Zusammenarbeit, aus dessen Haushalt die Mittel stammen, oder etwa der KfW, die diese Mittel nach Projektfortschritt auszahlt, in geeigneten Fällen mit KfW-Marktmitteln mischt und ihre ordnungsgemäße Verwendung überwacht. Das weitgehende Engagement der KfW, das manchem gar als Bevormundung erscheinen mag, erwächst aus ihrem Selbstverständnis als Entwicklungsbank, das eine Mitverantwortung für den Projekterfolg einschließt. Diese Mitverantwortung folgt aus den umfassenden Prüfungs-, Durchführungs- und Beratungsaufgaben, die sie im Auftrag der Bundesregierung eigenverantwortlich ausführt.

Aus dem engen Kontakt mit den Projektträgern vor Ort, auch aus dem Erfahrungsaustausch mit anderen Gebern, bringt die KfW Erkenntnisse ein, wenn die entwicklungspolitischen Instrumente weiterentwickelt und neue Ansätze operationalisiert werden. Es geht dabei vor allem darum, entwicklungspolitisch berechtigten Mehranforderungen bei Projektprüfung und -betreuung zu entsprechen, ohne dabei das Verfahren zu überlasten. Eine solche berechtigte Mehranforderung ist zweifellos die stärkere Berücksichtigung der wirtschaftlichen Rolle der Frauen als Familienernährerinnen und Produzentinnen. Hier ist ein hohes Maß an Sensibilität ebenso gefordert, wie die Entwicklung von eigener Fachkompetenz. Ähnliches gilt bei der Berücksichtigung von Umweltaspekten oder bei der verstärkten Nutzbarmachung von Selbsthilfeansätzen im Rahmen der Projektarbeit. In allen diesen Bereichen arbeitet die KfW sowohl konzeptionell als auch bei der praktischen Ausführung engagiert mit. Sie erfreut sich dabei auch im internationalen Rahmen großer Anerkennung als fachkompetenter Partner und Ratgeber. So ist sie einer der größten bilateralen Konfinanciers ihrer großen Schwester, der Weltbank. Neuerdings zieht sie mit dieser auch bei den Struktur- und Sektoranpassungsprogrammen an einem Strick: Zusammen mit ihr gibt sie schnell transferierbare Mittel als Strukturhilfe an Länder, die bereit sind, ihre sektoralen oder gesamtwirtschaftlichen Rahmenbedingungen zu verbessern. Politikreformen sind für viele Länder unaufschiebbar geworden. Sie sind die Voraussetzung für eine künftige erfolgversprechende Projektarbeit.

Rudolf Klein

Der Autor ist Direktor der KfW und Leiter des Auslandssekretariats.

Nach der von den Vereinten Nationen ausgerufenen Dekade für Frauen (1975 - 1985), nach drei Weltfrauenkonferenzen 1975 in Mexiko, 1980 in Kopenhagen, 1985 in Nairobi,
nach unzähligen Beschlüssen von internationalen und nationalen Organisationen, privaten und kirchlichen Gruppen ...

... die Rechte und Interessen von Frauen stärker zu berücksichtigen, Frauen in all ihren Lebens- und Arbeitsbereichen zu fördern, ihrer Benachteiligung entgegenzuarbeiten ...
beginnt MANN auch in der Kreditanstalt für Wiederaufbau, Kriterien und Grundsätze für die Berücksichtigung der Frauen in den von ihr in den sogenanten Ländern der Dritten Welt finanzierten Projekte zu entwickeln.
Bisher gibt es Richtlinien für den Bereich Trinkwasserversorgung, für andere Bereiche sollen sie erarbeitet werden. Ob diese Richtlinien auch angewendet werden, ist ungewiß und wird kaum kontrolliert.

Viele Untersuchungen und Berichte von Frauen haben gezeigt, daß Frauen durch Projekte der Entwicklungshilfe vergessen oder sehr oft benachteiligt wurden. Daher werden zur Zeit auch in der Bundesrepublik Konzepte und Programme entwickelt, um Frauen bessere Chancen zu eröffnen und den Benachteiligungen entgegenzuarbeiten. Das Bundesministerium für wirtschaftliche Zusammenarbeit hat im Mai 1988 eine Konzeption vorgelegt, die darauf abzielt, Frauen in allen Lebens- und Arbeitsbereichen zu fördern. Außerdem sollen die Benachteiligungen von Frauen abgebaut werden. Allerdings werden das Recht und die Forderungen von Frauen, an allen Entscheidungen mitzuwirken, nicht ausreichend gestützt.

Als bundeseigene Bank ist die Kreditanstalt gehalten, diese Vorgaben des BMZ zu beachten. Daher überprüfte die KfW die Kriterien für die Beurteilung von Projekten. Alle Sektoren, so auch infrastrukturelle Maßnahmen wie Fabrikbauten, Fischereihäfen, Eisenbahn, Fernmeldewesen usw. sollen zukünftig geprüft werden. In der KfW gibt es allerdings erhebliche Zweifel an der Sinnhaftigkeit eines solchen Vorgehens. Es wird als zweckmäßiger erachtet, nur bei direkter Betroffenheit die Rolle der Frauen zu untersuchen. Gibt es wirklich gesellschaftliche Bereiche, von denen Frauen nicht betroffen sind?

Die Kriterien dienen als Hilfen für die Projektbearbeiter. Sie sind vorrangig an volks- und betriebswirtschaftlichen Kriterien orientiert, sollen jedoch auch soziokulturelle Aspekte (dazugehören auch Frauen!) und die Umweltverträglichkeit berücksichtigen. In nur wenigen Vorhaben der KfW werden die Interessen von Frauen unterstützt, z.B. in einem Projekt der Slumsanierung in Haiti werden Kredite an Frauen gegeben. In Gambia wurde die Auflage gemacht, bei der Vergabe von Landtiteln Frauen besonders zu berücksichtigen.

Bei Abschluß eines Projekts, d.h., wenn sich die deutsche Seite aus der Finanzierung zurückzieht, werden soziale Auswirkungen des Projektes nicht untersucht. Es wird nur die Erstellung von physischen Maßnahmen geprüft. Der hausinterne Schlußprüfungsbericht, der dem Bundesministerium für wirtschaftliche Zusammenarbeit zugeleitet wird, nimmt u.a. eine quantifizierende Ziel-Wirkungsanalyse vor.

Dies bedeutet, daß ein Projekt, das von der Bundesrepublik gefördert wurde, wirtschaftlich zwar ein großer Erfolg sein kann, daß aber z.B. viele Menschen ihren Arbeitsplatz verloren haben könnten, daß Frauen ihre Felder verlieren, daß soziale Lebensräume zerschnitten werden.

Wieweit Frauen an der Planung und Durchführung von Maßnahmen beteiligt werden, hängt von den nationalen Regierungen ab. Die KfW hat nur insoweit einen Einfluß, indem sie bei der Bestimmung der Zielgruppen den Einbezug von Frauen fordert. Da die Vorhaben der KfW durch unabhängige Consultings (Beraterfirmen) ausgeführt werden, ist ihr Einfluß darauf, daß ihre Kriterien umgesetzt werden, sehr begrenzt.

Die Verantwortung für Entscheidungen wird häufig dann anderen, hier den unterstützten Staaten, zugewiesen, wenn man nicht selbst entscheiden bzw. seine Politik nicht ändern will. In vielen anderen Bereichen setzt die KfW den Kreditnehmern Bedingungen, die dann akzeptiert werden müssen, oder es werden keine Kredite vergeben.

Für Mitarbeiterinnen in der KfW selbst gibt es keine Politik der Frauenförderung. Der Anteil der Frauen auf der Führungsebene liegt unter 10%. Nach Auskunft der KfW sei es sehr schwierig, Frauen mit entsprechender Qualifikation zu finden (mehrjährige Auslandstätigkeit, Kenntnis von zwei Fremdsprachen, volkswirtschaftliche Ausbildung). Ein männlicher Mitarbeiter in der Grundsatzabteilung der KfW ist neben den Sektoren Wasser, Gesundheit, Bildung auch für sozio-kulturelle Faktoren, darunter auch die Förderung von Frauen, zuständig. ■

Deutsche Gesellschaft für
Technische Zusammenarbeit (GTZ) GmbH

So sieht die Deutsche Gesellschaft für Technische Zusammenarbeit (GTZ) GmbH, Eschborn ihre Arbeit:

GTZ: Flexibel auf sich wandelnden Bedarf reagieren

Die GTZ bewertet 1987 als „ein insgesamt erfolgreiches Jahr". Diplom-Kaufmann Gerold Dieke, Geschäftsführer der GTZ, legte bereits am 3. Februar 1988 in Bonn einen Überblick über das Geschäftsergebnis von 1987 vor:

- 1.013 Aufträge im Werte von 1,55 Mrd DM gingen ein (1986: 872 Aufträge/1,41 Mrd DM): eine wertmäßige Steigerung um 9,6 Pozent, darin sind 924 Aufträge von öffentlichen Auftraggebern im Wert von 1,477 Mrd DM (Vorjahr: 818 Aufträge/ 1,261 Mrd DM) enthalten. Auf das Drittgeschäft entfielen 87 Aufträge zu 73 Mio DM (Vorjahr: 54 zu 153 Mio DM).
- Die Umsatzerlöse stiegen um sechs Prozent auf 1,28 Mrd DM; davon entfielen 1,1, Mrd DM auf den gemeinnützigen Bereich; 180 Mio DM (Vorjahr: 174 Mio DM) auf das Drittgeschäft.
- Die Unteraufträge an Beratungsfirmen und -institutionen stiegen im gemeinnützigen Bereich zwar an, verringerten sich aber insgesamt gesehen wegen des Rückgangs im Drittgeschäft um 6,7 Prozent von 328 Mio DM (1986) auf 305,9 Mio DM. Davon entfielen auf Beratungsfirmen 235,4 Mio DM (Vorjahr: 256,3 Mio) und auf Beratungsinstitutionen (Fachbundesanstalten) 70,5 Mio DM (Vorjahr: 71,7 Mio).
- Die Unteraufträge an Gutachter stiegen von 40,3 Mio DM (1986) auf 45,8 Mio DM im Jahr 1987.

„Wir haben also steigende Umsätze insgesamt und steigende Gesamtaufträge; aber auch einen deutlichen Rückgang bei den Auftragseingängen im Drittgeschäft", erläuterte Dieke. „Ursache hierfür ist die Abwicklung von Großaufträgen im Drittgeschäft, speziell bei den Krankenhäusern in Saudi-Arabien und beim Brunnenbau im Saudi-Sahel-Programm. Neue Aufträge stehen an."

Der Auftragseingang nach Kontinenten zeigt weiter eine Konzentration auf Afrika (517,6 Mio DM – 48,8 Prozent) gegenüber Asien und Ozeanien (30,5 Prozent – 323,4 Mio DM) und Lateinamerika (15,1 Prozent – 160,6 Mio DM).

Die GTZ ist in über 100 Ländern im Auftrag der deutschen Bundesregierung tätig. Am 31. Dezember 1987 waren insgesamt 1.718 Auslandsmitarbeiter für die GTZ im Ausland eingesetzt. Ihre Arbeit wird ergänzt durch über 500 von Unterauftragnehmern der GTZ entsandte Fachkräfte, durch mehr als 1.660 „Ortskräfte" in den Projekten und von 620 Integrierten Fachkräften (bei den einheimischen Organisationen angestellten, aber über die GTZ/CIM bezuschußten Experten). Hinzu kamen über 2.000 Einsätze von Kurzzeitexperten und Gutachtern mit sehr unterschiedlichen Einsatzzeiten.

1987 entfielen von der Gesamtleistung der GTZ etwa 44 Prozent auf die Bereiche ländliche Entwicklung, Landwirtschaft und Gesundheit, etwa 25 Prozent auf Raumplanung, Infrastrukturentwicklung und Versorgung sowie etwa 22 Prozent auf Projekte in den Bereichen Wissenschaft und Technologie, Ausbildung und gewerbliche Wirtschaft.

Die GTZ, mit einem Umsatzerlös von 1,28 Mrd DM die größte Durchführungsorganisation der Technischen Zusammenarbeit, findet sich seit einigen Monaten mehr als ihr lieb ist in den Schlagzeilen. Diese Schlagzeilen spiegeln das Unbehagen von einigen Parlamentariern und einigen Beamten des BMZ über die „zu groß, zu schön und zu selbständig" gewordene Tochter GTZ wider sowie das Unbehagen der konkurrierenden Consultingwirtschaft.

Der GTZ sollte möglichst schnell Gelegenheit gegeben werden, ihre Umorganisation zu verwirklichen, ihre Schwachstellen, Bürokratismus und übermäßige Arbeitsteiligkeit abzubauen, sowie ihre Beziehungen zum BMZ und zur Consultingwirtschaft in Ordnung zu bringen. Dann wird die GTZ mit neuem Antrieb auf klarem Kurs Fahrt aufnehmen können.

Damit wäre allen Beteiligten, am meisten aber der Sache der Entwicklungszusammenarbeit, gedient. ikr

„Die Kernaufgabe der GTZ ist es, ihre Förderungsmaßnahmen sehr differenziert und flexibel zu gestalten und ständig anzupassen", betonte Dieke. Da die natürlichen, wirtschaftlichen, sozio-kulturellen und politischen Rahmenbedingungen in den verschiedenen Entwicklungsländern nicht nur sehr unterschiedlich sind, sondern sich auch ständig wandeln, müsse mit einem flexiblen „Mix" von Lang- und Kurzzeitexperten, Integrierten Fachkräften, Studien, Sachlieferungen, Fortbildung und Partnerpersonal u.a. reagiert werden.

Verhältnis zur Consultingwirtschaft

Von Consultingfirmen wird der GTZ immer wieder der Vorwurf gemacht, eine Monopolstellung zum Nachteil konkurrierender Privatunternehmen auszunutzen. Dieser Monopol-Vorwurf wird von der GTZ zurückgewiesen. Sowohl bei der Technischen Zusammenarbeit im Auftrage der Bundesregierung wie bei der TZ gegen Entgelt (Drittländer, internationale Organisationen) schalte die GTZ Unterauftragnehmer immer dann ein, wenn dies zweckmäßig und wirtschaftlich ist. Berücksichtige man die zur Projektdurchführung notwendigen Sachlieferungen, dann habe die GTZ 1987 etwas über 70 Prozent ihrer Gesamtleistung in Form von Aufträgen an Unterauftragnehmer und Lieferanten vergeben. In dem Bereich der Unterauftragnehmer (Consultingfirmen und Gutachter) sei die Zahl der Vertragspartner von 486 auf 505 gestiegen. „Für manche Aufträge wie Aufbau von Berufsbildungseinrichtungen oder Zolldienst oder Kommunalverwaltung gibt es keine privaten Anbieter", erklärte Dieke. Nach wie vor konkurriere die GTZ nicht mit deutschen Beratungsfirmen; selbst bei internationalen Ausschreibungen, bei denen die GTZ im Rahmen des Drittgeschäfts zur Abgabe von Angeboten aufgefordert werde, ziehe sich die GTZ sofort zurück, sollte sich nachträglich eine Konkurrenzsituation zu deutschen Beratungsfirmen ergeben. Da die Abgrenzung aber nie ganz eindeutig sein könne, werde das Thema regelmäßig besprochen; eine weitere Verbesserung werde im Rahmen der anstehenden Reorganisation möglich werden.

Schwerpunkte 1988

Auch 1988 müsse die GTZ in der Lage sein, alle bilateralen zwischen den Regierungen vereinbarten TZ-Projekte zu realisieren; sei es durch Einschaltung von Unterauftragnehmern, sei es mit eigenem Personal, wenn der Markt die geforderten Leistungen nicht bereitstellen könne. Das Arbeitsvolumen werde wiederum wachsen; im Bundeshaushalt sei ein Wert von bis zu plus 250 Mio DM zu erkennen.

Der Förderungsbedarf der Entwicklungsländer werde sich weiter differenzieren. Zentrale Aufgabe der GTZ sei neben der Stärkung des staatlichen Bereichs in seinen Kernaufgaben zunehmend die Regierungsberatung, außerdem sonstige Maßnahmen zur Schaffung günstiger staatlicher Rahmenbedingungen für Selbsthilfe/private Initiativen. Zudem kooperiere die GTZ im Auftrag der Bundesregierung überall dort mit nichtstaatlichen Organisationen, wo dies von den Regierungen der Entwicklungsländer im Rahmen der zwischenstaatlich vereinbarten Zusammenarbeit gewünscht oder zumindest ermöglicht werde. □

aus: E + Z, Entwicklung und Zusammenarbeit, Bonn, 3/1988

Ohne Frauen keine Entwicklung

Frauen in der Dritten Welt haben trotz unterschiedlichster Bedingungen, die ihr Leben bestimmen, gemeinsame Probleme. Ihre Situation ist dadurch gekennzeichnet, daß sie

- weltweit zwei Drittel aller Arbeit leisten,
- etwa 50 Prozent der Nahrungsmittel produzieren,
- überwiegend im Subsistenzbereich tätig sind,
- ein niedrigeres Bildungsniveau und eine höhere Arbeitsbelastung als Männer haben,
- selten über eigenes Land verfügen und kaum Kredite erhalten,
- von nationalen und internationalen Entwicklungsprojekten häufig noch übersehen werden.

Niemand bezweifelt mehr ernsthaft, daß Frauen einen wesentlichen Beitrag zur Entwicklung ihrer jeweiligen Gesellschaft leisten. Auch die GTZ sieht in der stärkeren Berücksichtigung der Zielgruppe Frauen eine wichtige entwicklungspolitische Aufgabe.

Nahmen Entwicklungsplaner lange Zeit an, daß alle Aktivitäten indirekt auch den Frauen zugute kommen, wurde man in der Praxis eines anderen belehrt. Den Wissenszuwachs und materiellen Gewinn geben die Männer nicht selbstverständlich an den Rest der Familie weiter. Dies erklärt sich aus den traditionellen Gesellschaftsformen in Afrika, Asien und Lateinamerika, wobei Männer und Frauen weitgehend getrennte Lebensbereiche haben. Auch die Arbeitsteilung ist entsprechend geschlechtsspezifisch. Trotzdem wird die Rolle der Frauen als landwirtschaftliche Produzentinnen noch häufig bei Entwicklungsvorhaben zur Technisierung und Intensivierung der Agrarwirtschaft übersehen.

Bisher hat die GTZ Frauen relativ selten als eine eigene Zielgruppe betrachtet. Von 2.197 Projekten der Technischen Zusammenarbeit hatten 1987 nur 149, also 6,8 Prozent, die Frauenförderung als gesondertes Ziel ausgewiesen. Dabei handelt es sich überwiegend um Komponenten eines Gesamtprogramms vor allem in der ländlichen Regionalentwicklung, zunehmend auch in anderen Sektoren. Es werden jedoch auch Projekte durchgeführt, die sich ausschließlich an Frauen wenden. Nicht immer werden diese Projekte jedoch explizit als solche bezeichnet; sie werden beispielsweise in Indonesien oder Pakistan unter der Bezeichnung „Berufsbildung" oder in Lesotho als „Förderung der Mohairkleinindustrie" geführt.
Dort, wo die GTZ Frauen berät und unterstützt, handelt es sich um medizinische Vorsorge, Gesundheitsberatung und Krankheitsfürsorge, Familienplanung, Mutter-Kind-Dienste und Ernährungsberatung. Bildungsangebote werden von Frauen auch immer häufiger genutzt. Die positiven Rückwirkungen auf andere Lebensbereiche sind in der Regel rasch auszumachen. Das Hauptaugenmerk richten jedoch die GTZ-Berater und -Beraterinnen auf Aktivitäten, die Einkommen schaffen. Kleine Werkstätten werden eingerichtet, wo handwerkliche Produkte hergestellt werden können. Die Weiterverarbeitung von landwirtschaftlichen Erzeugnissen ist ebenfalls ein vielversprechender Ansatzpunkt. Um alle diese Aktivitäten starten zu können, benötigen die Frauen zuerst einmal etwas Geld. Informelle Kreditgemeinschaften können dabei Abhilfe schaffen. Außerdem wird versucht, die Arbeitsbelastung der Frauen zu verringern, damit sie für die zusätzlichen Aktivitäten Zeit gewinnen.

Waren alle diese Ansätze bisher eher punktuell, so will die GTZ jetzt der Frauenförderung einen höheren Stellenwert in den Projekten der Technischen Zusammenarbeit geben. Um den Interessen der Frauen in der Dritten Welt in Zukunft gerecht zu werden, wurden entsprechende Kriterien in alle Planungs-, Durchführungs- und Kontrollverfahren von Projekten aufgenommen. Auch die Gutachterrichtlinien wurden 1987 dahingehend überarbeitet. Seitdem ist jeder Gutachter verpflichtet, bei einer Projektstudie oder -prüfung die sozio-ökonomische und sozio-kulturelle Situation in der Projektregion getrennt nach Frauen und Männern auszuwerten. Außerdem schenkt die GTZ gezielten Fortbildungsmaßnahmen in diesem Bereich erhöhte Aufmerksamkeit. Denn über den Erfolg oder Mißerfolg einer frauenorientierten Projektarbeit wird letztendlich die Bereitschaft und Fähigkeit der Experten und Counterparts entscheiden. Entsprechende Fortbildungsveranstaltungen werden sowohl für GTZ-Mitarbeiter im In- und Ausland, als auch für einheimische Fachkräfte durchgeführt. Gemeinsam mit den Partnern soll außerdem regionalspezifisch darüber nachgedacht werden, wie Frauen verstärkt in Entwicklungsprozesse einbezogen werden können.

Abgeleitet von den Erfahrungen, aber auch Fehlern gilt für die Technische Zusammenarbeit der Zukunft folgendes: Frauen in Entwicklungsländern müssen gezielt und ausdrücklich unterstützt werden. Dabei will die GTZ nach Möglichkeiten suchen, sie bei der Erfüllung ihrer Aufgaben in der Familie zu entlasten. Als äußerst wichtig wird die Förderung von Frauen in ihrer Rolle als Produzentinnen und Erwerbstätige gesehen. Frauenförderung bedeutet dabei jedoch nicht die Übertragung westlicher Emanzipationsvorstellungen. Es geht vielmehr darum, Frauen in ihrem Selbstwertgefühl zu stärken. Frauen in der Dritten Welt beweisen täglich eine große Tatkraft und Ausdauer. Sie wollen an modernen Entwicklungen teilhaben und brauchen dazu gezielte Unterstützung und eine ihrer Lebenssituation und gesellschaftlichen Stellung angepaßte Form der Qualifizierung.
Frauenförderung ist in der Technischen Zusammenarbeit in erster Linie kein eigenständiger, abgegrenzter Bereich. Er zielt vielmehr auf die Integration der Frauen in alle Sektoren der Kooperation.

aus: GTZ Geschäftsbericht 1987

Seit 1980 existiert bei der Deutschen Gesellschaft für Technische Zusammenarbeit (GTZ) eine „Frauenstelle". Ihre Aufgaben umfassen:
Koordination der Aktivitäten zur Frauenförderung: Mitwirkung bei Projektplanung und -durchführung, Erstellung einer Gutachterinnenkartei;
Überarbeitung der Kriterien des Gutachterleitfadens, der Evaluierungsinstrumente; Erarbeitung von Handbüchern zu verschiedenen Bereichen wie ländliche Entwicklung, informeller Sektor; Auswertung der Erfahrungen mit Frauenförderung;
Betreuung von Pilotvorhaben zur Erprobung neuer Förderungsmöglichkeiten;
Fortbildung von MitarbeiterInnen im In- und Ausland.
Die Frauenstelle ist der Abteilung „Selbsthilfeförderung, Frauenfragen, Armutsbekämpfung" mit Querschnittsfunktion im Bereich „Planung und Entwicklung" zugeordnet. Seit Oktober 1989 ist sie mit zweieinhalb Stellen ausgestattet.
Zur Zeit werden in der GTZ Frauenförderpläne erarbeitet. Der Anteil der weiblichen Mitarbeiter im Ausland beträgt 9,5%, in der Zentrale liegt der Anteil der qualifizierten Sachbearbeiterinnen erheblich höher (20 bis 30%), auf der Führungsebene sind Frauen kaum vertreten.

FRAUEN WERDEN FAST NIE AN ENTSCHEIDUNGSPROZESSEN UND AN DER DURCHFÜHRUNG VON PROJEKTEN DER ENTWICKLUNGSZUSAMMENARBEIT BETEILIGT, WEDER DIE FRAUEN IN DEN STAATEN DER SOGENANNTEN DRITTEN WELT NOCH DEUTSCHE FRAUEN, DIE IN DEN ORGANISATIONEN ARBEITEN.

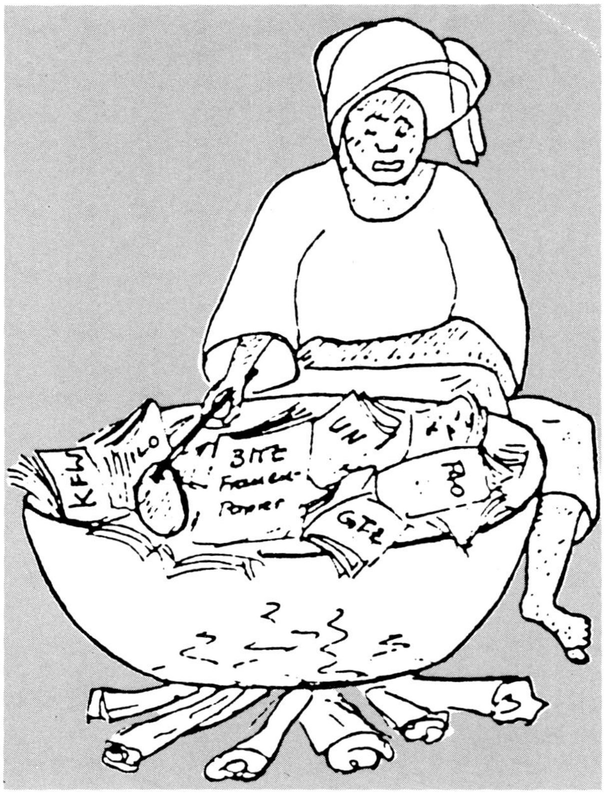

Wird sich etwas für die FRAUEN ändern?

Wenn von den Menschen, die die Entscheidungen treffen, z. B. in der Kreditanstalt für Wiederaufbau unter 30 Mitgliedern des Verwaltungsrats 1 (!) Frau ist, im Vorstand 6 Männer und die 19 Hauptabteilungsleiter Männer sind?
Wenn von 14 Mitgliedern des Aufsichtsrats der GTZ 13 Männer, alle 3 Geschäftsführer Männer und alle 8 Hauptabteilungsleiter Männer sind?

Banken und Schuldenkrise

Kurzes Gedächtnis

Unter der Überschrift 'Internationale Verschuldung: Positive Beiträge der Banken" setzen sich die bundesdeutschen Geldhäuser im Informationsdienst ihres Spitzenverbandes als Retter der Armen in Szene. Durch die Bereitschaft der Institute, 190 Milliarden Dollar ihrer Gesamtforderung in Höhe von 215 Milliarden gegenüber wichtigen lateinamerikanischen Staaten umzuschulden, habe sich die internationale Verschuldung als "beherrschbar" erwiesen. Darüber hinaus wurden den Hauptschuldnern seit dem Ausbruch der Krise noch neue Darlehen in Höhe von 50 Milliarden "gewährt", und außerdem sei man ihnen "bei den Zinssätzen erheblich entgegengekommen". Solche Großzügigkeit rührt zu Tränen.

Daß die Banken weltweit zunächst einen wesentlichen Teil zur internationalen Verschuldung beigetragen haben, steht außer Zweifel. Während des Ölpreisbooms in den siebziger Jahren flossen ihnen aus den gigantischen "Einnahmen vor allem der arabischen Staaten enorme Summen zu. Kapital, das angelegt werden mußte. Was lag da näher, als es den Entwicklungsländern anzudienen?

Während die Schuldner in Lateinamerika und anderen Teilen der Welt, die nicht zur hochentwickelten Industriegesellschaft gehören, heute auf den Knien kriechend betteln müssen, um ihre Verbindlichkeiten gestreckt oder frisches Geld zu bekommen, waren sie damals willkommene Abnehmer des noch üppigen Kapitalstroms.

Gleichzeitig sahen die Banker in der Kreditvergabe eine willkommene Gelegenheit, auf die interne politische und wirtschaftliche Entwicklung der Gläubiger Einfluß zu nehmen, obwohl ihnen bereits damals eigentlich hätte klar sein müssen, daß es die Dritte Welt kaum jemals schaffen würde, die gepumpten Mittel auf Heller und Pfennig zurückzuzahlen.

Daß die Banken sich jetzt als Beschützer und Verfechter der Armen hinstellen, ist, wenn nicht Heuchelei, dann zumindest Geschichtsverfälschung. Ein wirklich positiver Beitrag wäre es, wenn sie den Schuldnern ihre Verbindlichkeiten in großem Stil erlassen würden. Aber diesem möglichen Ausweg aus der Krise erteilt der Verband eine klare Absage: "Ein genereller Schuldenverzicht steht nicht zur Diskussion."

... und es sind die Frauen, die am meisten unter der Verschuldung leiden ...

Für die öffentliche Entwicklungshilfe trägt die Kreditanstalt für Wiederaufbau die Verantwortung.
Die Rückzahlungen aus den Entwicklungsländern liegen inzwischen weitaus höher als die ausgezahlte Entwicklungshilfe, d.h. der Kapitalfluß erfolgt aus dem Süden in den Norden, die sogenannten Entwicklungsländer finanzieren unsere Entwicklung.

Der weitaus größere Teil der Verschuldung wird jedoch von den Banken getragen. Weltweit beträgt die Verschuldung der Länder der sogenannten Dritten Welt insgesamt ca. 1300 Milliarden US-$. Bundesdeutsche Banken, von denen viele ihren Sitz in Frankfurt haben wie die Deutsche Bank, die Dresdner Bank, die Commerzbank, die Bank für Gemeinwirtschaft sind Gläubiger dieser Länder.
Da die Länder der „Dritten Welt" ihre Schulden zurückzahlen müssen, sind sie gezwungen, drastische Sparmaßnahmen vorzunehmen.
Sie müssen die Exportproduktion (z.B. Tee, Kaffee, Baumwolle, Kakao, Gemüse, Blumen)
auf Kosten der Produktion von Nahrungsmitteln (Bohnen, Erbsen, Mais, Kartoffeln, Gemüse, Süßkartoffeln, Maniok, Hirse) erhöhen ...

Sparmaßnahmen bedeuten für Frauen
schlechtere und teurere Krankenversorgung,
teurere Nahrungsmittel,
weniger Bildung,

Lohnsenkungen
heißt noch weniger
Mittel für den Unterhalt
der Familie,

Stelleneinsparungen
bedeuten Verlust
von Arbeitsplätzen,
zuerst für die Frauen,
und Frauen müssen noch
mehr unbezahlt arbeiten,

Steigerung
der Exportproduktion
heißt oft Abdrängen
der Bäuerinnen
auf schlechtes Ackerland,
heißt Abholzung
von Wäldern,

wirtschaftliche
Verschlechterung
bringt oft politische
Repression und mehr Gewalt
mit sich, unter der
besonders
die Frauen leiden.

CAFOD/Petra Röhr Rowendaal

Vom Staatshaushalt zur Haushaltskasse

Frauenarbeit, Weltwirtschaft, Verschuldungskrise

Die Frauen der „Hamburger-Frauen- und Dritte-Welt-Gruppe" gehören zu den ersten in der Bundesrepublik, die sich mit der spezifischen Betroffenheit von Frauen durch die weltweite Verschuldungskrise auseinandergesetzt haben.
Ihre Herangehensweise an das Thema beinhaltet, Privates mit Öffentlichem, Alltag mit Politik zu verbinden, und auch sich selbst und ihre Lebenssituation in den Industrieländern unter der Wirtschaftskrise einzubeziehen. Mit dem folgenden Artikel beabsichtigen sie deshalb weniger, die ökonomische Diskussion wieder aufzunehmen bzw. weiterzuführen. Sie wollen vielmehr die konkreten Auswirkungen zeigen, die Verschuldungskrise und IWF-Anpassungsprogramme für die Lebenssituation von Frauen bedeuten.

EPK-Redaktion

Die Ankündigung der Zahlungsunfähigkeit einiger Dritte-Welt-Länder hatte zunächst dazu geführt, daß die internationalen Banken die Gewährung von Krediten einstellten bzw. stark reduzierten. Seit einiger Zeit gewähren einige Banken wieder neue Kredite und Umschuldungen, um den ökonomischen Zusammenbruch ihrer Kunden aufzuhalten. Voraussetzung dafür aber ist, daß die Schuldnerländer mit dem IWF „Anpassungsprogramme" ausgehandelt und somit eine Fülle von Eingriffen in die nationale Politik akzeptiert haben*. Einige der wichtigsten und im Zusammenhang dieses Artikels relevanten Auflagen sind:

— Einsparung von öffentlichen Ausgaben, Reduzierung von Sozialausgaben. Darunter fallen die Erhöhung von Preisen für öffentliche Dienstleistungen sowie die Streichung diesbezüglicher Subventionen (etwa für Wasser, Strom, Transportmittel, Grundnahrungsmittel), Streichungen im Gesundheits-, Sozial- und Bildungswesen und die Einschränkung bzw. Beendigung nationaler Entwicklungsvorhaben (z.B. Agrarreform).
— Stelleneinsparungen im staatlichen Bereich,
— Privatisierung öffentlicher Unternehmen,
— Reallohnsenkungen, damit verbunden Einschränkung des Streikrechts und gewerkschaftlicher Betätigungsmöglichkeiten,
— Abbau von Export- und Importbeschränkungen, Exportsteigerung, stärkere Öffnung für ausländische Direktinvestitionen,
— Abwertung der Landeswährung mit der Folge der extremen Verteuerung von Importen (Nahrungsmittel, Ersatzteile etc.) bei Verbilligung der Exporte.

Die Auswirkungen dieser Auflagen auf die Bevölkerung erscheinen auf den ersten Blick „geschlechtsneutral". Sie treffen jedoch Frauen — und zwar insbesondere die Frauen der ärmeren Schichten — aufgrund ihrer Funktionen und Positionen in der Gesellschaft in besonderem Maße.
In diesem Artikel sollen die spezifischen Auswirkungen auf die Frauen nicht anhand einzelner Maßnahmen, sondern innerhalb bestimmter gesellschaftlicher Bereiche dargestellt werden. Das sind einerseits der Reproduktionsbereich, insbesondere die Familie, als typisches Aufgabenfeld der Frauen, und andererseits der Produktionsbereich unterteilt in formellen und informellen Sektor.

Der Reproduktionsbereich

Weltweit sind die Frauen diejenigen, die im wesentlichen, wenn nicht sogar alleine, für den Reproduktionsbereich verantwortlich sind. Hier leisten sie unbezahlte Arbeit für den Erhalt ihrer Familien.
Wie bereits erwähnt, fordert der IWF durch seine Auflagenpolitik häufig Einschränkungen und Investitionsstreichungen im Bereich staatlicher Dienstleistungen (eine Politik, die in vielen Industrieländern auch ohne IWF-Auflagen verfolgt wird). Frauen werden dadurch gezwungen, die gestiegenen Lebenshaltungskosten und das Fehlen sozialer Dienstleistungen durch unbezahlte Mehrarbeit ausgleichen zu müssen. Im Einzelnen sieht das folgendermaßen aus: Bei sinkendem Familieneinkommen müssen Frauen mehr Zeit aufwenden, um die tägliche Ernährung der Familie sicherzustellen. Sie nehmen weite Wege auf sich, um billige Lebensmittel zu besorgen. Sie stehen oft stundenlang an, um ratio-

* Laut Kreye/Schubert 1987 (Blätter der iz3W Nr. 139), S.39 mußten von 1981 bis 1985 70 Entwicklungsländer in Umschuldungsverhandlungen mit dem IWF treten. 1987 werden allein 10 von 16 lateinamerikanischen Ländern zu Verhandlungen gezwungen sein

nierte Dinge für den täglichen Gebrauch und Grundnahrungsmittel zu bekommen (z.B. Kerosin zum Kochen, Seife, Wasser etc.). In vielen Fällen kommt erschwerend hinzu, daß die Preise für die öffentlichen Nahverkehrsmittel steigen, daß Bus- und Bahnverkehr eingeschränkt werden. Wird vom Staat an Infrastruktureinrichtungen wie z.B. Wasser-, Abwasser- und Stromleitungen gespart, so sind es in der Regel die Frauen und Kinder, die diesen Mangel durch weitere Wege und Mehrarbeit ausgleichen müssen.

Auch im Gesundheitsbereich sind es meistens die Frauen, die von den vom IWF verordneten Sparmaßnahmen am stärksten getroffen werden. Wenn staatliche Pflegeeinrichtungen und medizinische Versorgungsmöglichkeiten knapper werden, fällt es den Frauen zu, die Kranken, Alten und Kinder unentgeltlich und mit mehr Arbeitsaufwand zu versorgen, oft auf Kosten der eigenen Gesundheit. Den staatlichen Sparmaßnahmen fallen häufig auch frauenspezifische Vorsorgemaßnahmen zum Opfer, etwa Schwangerschaftsvorsorge. Die Folgen sind höhere Sterberaten bei Müttern und Säuglingen, mehr kranke Kinder, mehr anämische Frauen.

Sinkende Staatsausgaben im Bildungsbereich führen dazu, daß immer weniger Frauen Bildungsangebote in Anspruch nehmen können. Auch werden in der Regel eher die Söhne als die Töchter zur Schule geschickt, wenn Bildung ein finanzielles Problem ist. Streichungen bzw. Nichteinrichtung sozialer Dienstleistungen wie Kindergärten, Beratungsstellen etc. bedeuten ebenfalls, daß diese Aufgaben (unbezahlt) von Frauen übernommen werden müssen. Durch stärkere zeitliche Belastung können Frauen nur noch selten etwas für ihre eigene Bildung und Weiterbildung tun. Dieser Mangel verstärkt einerseits ihre Isolation, vermindert oft ihr Selbstbewußtsein, und führt andererseits dazu, daß sich ihre Chancen auf dem Arbeitsmarkt verschlechtern.

Schließlich bleiben auch die Familienstrukturen von solchen gesellschaftlichen Veränderungen nicht unberührt. Es ist bekannt, daß in ökonomischen Krisenzeiten Männer häufig mit erhöhter Gewaltanwendung gegenüber Frauen und Kindern reagieren. Vergewaltigungen in der Familie nehmen zu. Viele Männer verlassen auch ihre Familien, und die Frauen müssen alleine die Verantwortung für die Kinder tragen. Aber auch umgekehrt entscheiden sich viele Frauen dazu, ohne Männer zu leben. Gerade in Krisenzeiten sind viele nicht mehr bereit, mit einem unzufriedenen, gewalttätigen Mann, der im Haushalt kaum Arbeiten übernimmt, zusammenzuleben, und verlassen deshalb mit ihren Kindern den gemeinsamen Haushalt.

All diese Faktoren führen dazu, daß die Arbeitsbelastungen für Frauen im Reproduktionsbereich zunehmen, ohne daß diese Arbeiten entsprechend bewertet, geschweige denn entlohnt würden. Sie tragen die staatlichen Einsparungen in diesen Bereichen auf ihrem Rücken aus.

Der Produktionsbereich

Formeller Sektor: Arbeitslosigkeit und Überausbeutung

Eine Folge der weltweiten ökonomischen Krise ist, daß die Arbeitslosigkeit massiv zugenommen hat. Frauen haben mehrheitlich die weniger qualifizierten und geringer entlohnten Arbeitsplätze inne und sind in vielen Fällen zuerst von Kündigungen bedroht. Darüberhinaus konzentriert sich Frauenarbeit stark auf die Bereiche öffentlicher Dienstleistungen (Gesundheits- und Sozialwesen, Bildungsbereich). Die oben erwähnten Einsparungen gefährden darum vor allem ihre Arbeitsplätze. 1985 wurden in Mexiko z.B. 28.000 Stellen im Verwaltungsbereich gestrichen, betroffen waren davon zu 80% Frauen.

Auf der anderen Seite gibt es bestimmte Bereiche, in denen die Erwerbstätigkeit von Frauen gerade in Krisenzeiten zunimmt. Trotz gesetzlicher Vorschriften („Gleicher Lohn für gleiche Arbeit") verdienen Frauen weltweit im Durchschnitt etwa 25% weniger als Männer — in einigen Ländern sind es sogar über 50%. Die billige Arbeitskraft von Frauen wird vor allem in den Exportindustrien, deren Ausbau zwecks Devisenerwirtschaftung zur Zinszahlung gefördert wird, eingesetzt. In den „Weltmarktfabriken" sind mehr als die Hälfte aller Arbeitsplätze von Frauen besetzt. In einigen Exportbranchen (z.B. Textil und Elektronik) haben sie sogar bis zu 90% der Arbeitsplätze inne. In Mexiko liegt der Anteil der Frauen an Erwerbstätigen landesweit bei 24,5%, in der von US-Kapital beherrschten grenznahen (Export-) Industrie bei 75 bis 90%. Gerade junge Frauen werden in diesen Industrien regelrecht verschlissen. Sie sind gezwungen, für niedrigste Löhne und ohne

Sozialleistungen zu arbeiten und haben häufig kein Recht auf gewerkschaftliche Organisierung. Hinzu kommt in vielen Fällen Repression und sexistische Gewalt am Arbeitsplatz.

Auch in der landwirtschaftlichen Exportindustrie (durch deren Intensivierung sich viele Länder eine Eindämmung der Schuldenkrise versprochen haben) wird zunehmend auf die billige Arbeitskraft von Frauen zurückgegriffen. Frauen, die bislang im Subsistenzbereich unbezahlte Arbeit geleistet haben, werden nun — häufig durch spezielle Kreditprogramme — als Arbeitskräfte für die Exportlandwirtschaft herangeholt. (Beispiel: Maniokproduktion in Thailand, Schnittblumenanbau in Kolumbien.) Da sie nach westlicher Denkweise als „Zuverdienerinnen" angesehen werden, werden ihnen in der Regel geringere Löhne gezahlt als den Männern. Tatsächlich stehen jedoch einem Drittel aller Haushalte in der Dritten Welt Frauen vor. Der den Frauen gezahlte Lohn reicht meistens nicht aus, um das Überleben einer Familie zu gewährleisten. Sie sind deshalb gezwungen, durch unbezahlte Arbeit im Subsistenzbereich die Grundbedürfnisse ihrer Familien zu sichern.

Ein anderer Bereich, aus dem sich viele Länder zusätzliche Deviseneinnahmen versprechen, ist der Tourismus. Er ist in vielen Ländern fast industriell ausgebaut. Für Frauen hat er allerdings nicht sehr viele Vorteile gebracht. Sie dienen als Lockvögel für zivilisationsmüde Männer, die schlimmsten Auswüchse sind Prostitutionstourismus und Frauenhandel. In Thailand ist die Tourismusbranche der einzige Industriezweig, der in den letzten Jahren Zuwachsraten (bis zu 10%) zu verzeichnen hatte.

Informeller Sektor: Subausbeutung von Klasse und Geschlecht

Durch steigende Arbeitslosigkeit und fehlende soziale Absicherung gewinnt der informelle Sektor immer mehr Bedeutung als Arbeitsmöglichkeit und Verdienstquelle für Frauen. Etwa 20 bis 70% der städtischen Arbeitskräfte in der Dritten Welt versuchen, ihren Lebensunterhalt innerhalb dieses Bereichs zu sichern. Gerade Frauen bietet der informelle Sektor häufig die einzige Möglichkeit, das Überleben zu sichern. Als Kleinhändlerinnen, Dienstmädchen oder Wäscherinnen versuchen sie, sich Einkommen zu verschaffen; viele sind auch zur Prostitution gezwungen. Diese Beschäftigungsverhältnisse sind u.a. deshalb problematisch, weil sie weder ein geregeltes Einkommen noch feste Einnahmengarantien und keinerlei soziale Absicherung gewährleisten. Sie führen häufig zu Subausbeutung von Klasse und Geschlecht, etwa wenn sich Mittelschichtsfrauen ein Dienstmädchen halten oder Männer aus der Unterschicht Frauen in ihrem Kleinhandel unterbeschäftigen. Diese Verhältnisse erschweren eine kollektive Interessensvertretung und Gegenwehr.

Gerade Frauen haben sich in den letzten Jahren aus Notlagen heraus solche Einkommensverhältnisse geschaffen, sie sind im informellen Sektor mehrheitlich vertreten. Dieser Bereich bietet jedoch keine großen Entwicklungsperspektiven, insbesondere da durch die Wirtschaftskrise gerade bei den Mittel- und Unterschichten ein Kaufkraftverlust eintritt.

Genau diese Schichten sind aber die wichtigsten Nachfrager im informellen Sektor, sie sind die Kundinnen auf den Märkten oder die Auftraggeberinnen der Dienstmädchen.

Politische Auswirkungen der Verschuldungskrise

Politisch schlägt sich die Verschuldungskrise in verschärften sozialen Auseinandersetzungen und Verteilungskämpfen nieder. In einigen lateinamerikanischen Ländern führte dies dazu, daß Militärdiktaturen durch formale Demokratien abgelöst wurden. Die neuen Regierungen haben mit dem Druck der Schuldenlast — selbst wenn man ihnen beste Absichten unterstellen würde — kaum eine Alternative zur bestehenden Wirtschaftspolitik. Der Handlungsspielraum für eine eigenständige nationale Entwicklung ist durch die Schuldenkrise extrem beschränkt, und die Lasten der Krise werden weiterhin den Schwächsten und Ärmsten auferlegt.

In anderen Ländern ist mit einer Verschärfung der Repression zu rechnen, bzw. die Menschenrechtsverletzungen haben schon heute ein extremes Ausmaß erreicht, wie etwa in Peru, Kolumbien und Ecuador, um nur einige zu nennen. Die Repressionen gegen Basisorganisationen und Gewerkschaften, die sich gegen die Folgen der IWF-Politk wehren, nehmen zu. Die damit einhergehende Militarisierung der Gesellschaft durch

Bäuerin auf dem Weg nach Hause, Marokko

Aufrüstung von Militär und Polizei verschlingt weitere Devisen.

Frauen sind von der Verschärfung der Repression in vielerlei Hinsicht betroffen. Sexistische Foltermethoden und Vergewaltigungen sind weit verbreitet, um kritisches Potential zu unterdrücken und Geständnisse zu erpressen. Die in Lateinamerika weit verbreitete Praxis des „Verschwindenlassens" von Oppositionellen trifft Frauen als Opfer wie als betroffene Familienangehörige. Neben den extremen psychischen Belastungen leiden sie auch unter materiellen Problemen, wenn ihre Lebensgefährten „verschwinden". In vielen lateinamerikanischen Ländern haben sich inzwischen Mütterkomitees gebildet, die regelmäßig gegen Menschenrechtsverletzungen protestieren. Für viele Frauen war dies der Beginn eines Politisierungsprozesses. Das Beispiel der Mütter von der Plaza de Mayo in Argentinien zeigt, daß sie auch nicht bereit sind, nach einem formalen Demokratisierungsprozeß zu schweigen. Sie fordern weiterhin die Bestrafung der verantwortlichen Militärs.

Konsequenzen und Handlungsperspektiven für Frauen — Einige Ansatzpunkte zu einer Diskussion um eine frauengerechte Entwicklung

— Wir gehen davon aus, daß Frauen ein besonderes Interesse an der Lösung der Schuldenkrise haben, sind sie es doch, die durch ihre (unbezahlte) Mehrarbeit einen großen Teil der ökonomischen und sozialen Auswirkungen abfangen müssen.
— Bisherige Lösungsansätze zur Verschuldungskrise greifen zu kurz, da sie die Probleme nahezu ausschließlich auf der monetären und makroökonomischen Ebene aufgreifen und die Bedeutung von Frauenarbeit ignorieren. Lösungsansätze im Sinne von Frauen dürfen die Veränderung weltwirtschaftlicher und politischer Prozesse nicht von der grundlegenden Veränderung der Situation von Frauen, der Aufhebung von Frauenunterdrückung im jeweiligen historischen und kulturellen Kontext der Gesellschaften trennen.
— Die Schuldenstreichung ist notwendig, aber bei weitem nicht hinreichende Voraussetzung für die Entlastung der Frauen und eine Verbesserung ihrer Situation; eine frauengerechte Entwicklung ist nur möglich, wenn die nationalen Regierungen über ausreichend Spielraum für die Wahl eines anderen Entwicklungs- und Verteilungsmodells verfügen.
— Die bisherige nationale und internationale Entwicklungspolitik hat selbst unter frauenfreundlichem Vorzeichen (Frauendekade, „Feminisierung der Entwicklung") in der Mehrzahl der Fälle nicht zu größerer ökonomischer und sozialer Selbstbestimmung von Frauen geführt, sondern selbst bei Frauenprojekten zu größerer Ausbeutung und Arbeitsbelastung.
— Die Bestimmung dessen, was eine frauengerechte Entwicklung sein kann, kann letztlich nur von Frauen selbst definiert werden. Die Umsetzung wird auch das Resultat von Frauenkämpfen sein, denn wer gibt schon freiwillig seine Privilegien auf?
— Dazu ist es notwendig, daß sich Frauen organisieren, und zwar auf den unterschiedlichsten Ebenen: auf der Basis von Berufsgruppen (Gewerkschaften), Sozialgruppen (Stadtteilgruppen in Elendsvierteln — Reproduktionskämpfe), als klassen-

und schichtenspezifische Organisationen, aber auch — soweit möglich — klassenübergreifend (Geschlechterkampf), auf nationaler und auf internationaler Ebene.

— Frauen sind nicht nur Opfer der ökonomischen und gesellschaftlichen Entwicklungsprozesse, sondern haben auch begonnen, sich gegen die patriarchalisch-kapitalistische Verelendungspolitik zu wehren. Beispiele für solche Ansätze von Widerstand sehen wir in den in vielen Ländern v.a. seit den 70er Jahren entstandenen Frauenorganisationen (von sozialen Bewegungen in den Elendsvierteln bis hin zu feministischen Gruppen). Als potentielle Ansätze von Gegenwehr betrachten wir auch Volksküchen und andere Selbsthilfegruppen in den Elendsvierteln. Diese sind zwar insofern ambivalent zu bewerten, als sie auch durch Selbsthilfe den Staat von sozialen Aufgaben entlasten. Andererseits können sie aber durch die Organisierung politische Lernprozesse bei den Frauen ermöglichen und Chancen zur Entwicklung von Gegenstrategien bieten.

... und wir?

Vergleicht man die Auswirkungen der Verschuldungs- und Weltwirtschaftskrise auf Frauen in der Dritten Welt mit der gegenwärtigen Situation in den Industrieländern, so werden viele Parallelen deutlich: Auch in der BRD sind Frauen aufgrund der patriarchalisch-kapitalistischen Struktur unseres Gesellschaftssystems gezwungen, Folgen der Wirtschaftskrise abzumildern und einen großen Teil der Kosten auf ihrem Rücken auszutragen. Als Stichworte seien hier genannt die Reprivatisierung vergesellschafteter Hausarbeit, die Zunahme ungeschützter Beschäftigungsverhältnisse, Feminisierung der Armut etc.

Ohne diese Entwicklung gleichzusetzen, stellen wir doch fest, daß es sich hierbei um strukturell ähnliche Mechanismen handelt. Im Sinne eines „feministischen Internationalismus" stellt sich für uns die Aufgabe, Gemeinsamkeiten ebenso wie Interessenunterschiede und -konflikte zwischen den Frauen hier und in der Dritten Welt herauszuarbeiten und daraus Forderungen und Aktionen zu entwickeln.

Dazu müssen wir uns Diskussions- und Aktionszusammenhänge schaffen, in denen wir auch psychisch auftanken können und uns gemeinsam zur Wehr setzen — ohne Angst vor Streit und Konflikten gerade unter Frauen. Wir müssen unsere gesellschaftlichen Kämpfe hier führen und dürfen die Unterschiede zwischen den Lebensbedingungen und Ausbeutungsverhältnissen von Frauen hier und dort nicht verwischen. Erst auf dieser Basis können wir anfangen, von Solidarität zu sprechen und beginnen, eine Zusammenarbeit und gemeinsame Handlungsperspektiven zu entwerfen.

Hamburger Frauen und Dritte-Welt-Gruppe (B. Beheim-Schwarzbach, A. Link, Ch. Prüßner, I. Schneider, E. Sirowy)
aus: EPK — Entwicklungspolitische Korrespondenz 3/88

Gruppe der gegenseitigen Unterstützung (GAM), Guatemala

... Frauen fordern,

an allen Entscheidungen (politisch,
wirtschaftlich, sozial) mitzuwirken,
an der Entwicklung von Gesellschaften mitzuarbeiten,
die auf Gerechtigkeit, Frieden, Gleichheit und
einer ökologischen Wirtschaft basieren ...

als Hälfte der Menschheit
auch nur die Hälfte der Arbeit zu leisten,
die Hälfte der Profite zu erhalten,
die Hälfte der Posten zu besetzen,
die Hälfte des Einkommens zu besitzen,
soviel Ausbildung wie Männer zu erhalten,
die Hälfte des Eigentums zu besitzen,
die Verantwortung für sich selbst zu tragen ...

Die internationalen Beziehungen, die hier beispielhaft an den beiden größten Organisationen der bundesdeutschen Entwicklungszusammenarbeit aufgezeigt wurden, sind sehr vielfältig.

So sind in Frankfurt zahlreiche Gruppen, Organisationen, Institutionen und Unternehmen angesiedelt, die in Ländern der sogenannten Dritten Welt aktiv sind. Selten bleiben Leben und Arbeiten von Frauen davon unberührt. Viele Solidaritätsgruppen führen entwicklungspolitische Bildungsarbeit durch, versuchen der deutschen Öffentlichkeit die politischen Zwänge, Unterdrückung und Gewalt, die Macht der multinationalen Konzerne bewußt zu machen, so z.B. die Gruppen und Vereine, die sich im Dritte-Welthaus Frankfurt-Bokkenheim zusammengeschlossen haben. Der Eine-Welt-Laden in der Nibelungenallee verkauft Produkte aus Ländern des Südens. Kirchengemeinden sind karitativ tätig, sie unterstützen Projekte zur Gesundheitsversorgung, Schulen, sie pflegen Partnerschaften mit Gemeinden in verschiedenen Ländern.
medico international, eine gemeinnützige Organisation finanziert durch Spenden besonders Projekte der medizinischen Versorgung. Seit vielen Jahren engagiert sich die Frauenaktion der Evangelischen Kirche gegen die Apartheid in Südafrika (z.B. durch Aufrufe zum Früchteboykott).

Daneben gibt es Organisationen, die in der Bundesrepublik kaum bekannt sind. So arbeitet z.B. das Institute of Cultural affairs in 25 Ländern. Nach Aussagen der Mitglieder dieses Instituts wollen sie gemeinsames Leben mit Entwicklungsarbeit verbinden. Förderung von Frauen sei ein Schwerpunkt der Arbeit. In der Darmstädter Landstr. 109 leben zehn Menschen zusammen, weltweit hat der Verein ca. 700 Mitglieder. Sie finanzieren ihre Arbeit durch Spenden, im besonderen aus den USA. Ein schönes altes Haus wurde von der Stadt Frankfurt zur Verfügung gestellt. Es wäre interessant, mehr über die Träger und Arbeitsweisen der Organisation zu erfahren, da sie doch so weitreichend durch diese Stadt unterstützt wird.

Viel mehr Einfluß als die Organisationen der Entwicklungshilfe auf das Leben und Arbeiten von Frauen haben große Firmen wie z.B. die Hoechst AG. Sie unterhält in mehr als 120 Ländern Verkaufsstellen oder eigene Produktionsstätten. Die von ihr verkauften Medikamente beeinflussen Gesundheit von Frauen und Kindern sehr nachhaltig, und nicht selten ist der Gebrauch mit negativen Nebenwirkungen verbunden. Düngemittel und Pestizide verändern landwirtschaftliche Anbaumethoden, die Arbeitsteilung zwischen Frauen und Männern, die Ernährungsgewohnheiten und die Umwelt. Die von der Hoechst AG hergestellten Fluor-Chlor-Kohlenwasserstoffe sind maßgeblich an der Zerstörung der Ozonschicht beteiligt.

Das Leben und Arbeiten von Frauen in Ländern der sogenannten Dritten Welt wird durch Entscheidungen, die hier in der Bundesrepublik, häufig in Frankfurt, gefällt werden, auf allen Ebenen (wirtschaftlich, politisch, sozial, gesundheitlich) verändert. Die Frauen selbst haben dabei fast nie Entscheidungsgewalt.

Die Würde des Menschen ist unantastbar, schreibt das Grundgesetz der Bundesrepublik Deutschland. Gilt dieses nur für bundesdeutsche Frauen und Männer?

Literatur

Weiterführende Literatur:

beiträge zur feministischen theorie und praxis, 23, 1988: Modernisierung der Ungleichheit — weltweit. Die Auswirkungen von Programmen der Strukturanpassung und die Folgen von Modernisierung auf die Lebensbedingungen von Frauen, ihr Widerstand und Organisationsprozesse von Frauen in den Ländern des Südens und des Nordens werden analysiert.

New Internationalist (Hg): Frauen — Ein Weltbericht. Orlanda Verlag, Berlin 1986
Auf der Basis von Daten der UN-Dekade für Frauen (1975 bis 1985) gibt Teil 1 Informationen zur Situation von Frauen (Familie, Gesundheit, Sexualität, Arbeit in der Landwirtschaft, Industrie, Bildung, Politik). In Teil 2 beschreiben Frauen aus Industrieländern ihre Wahrnehmungen über Leben und Arbeiten von Frauen in sogenannten Entwicklungsländern und, was noch immer ziemlich ungewöhnlich ist, Frauen aus der sogenannten Dritten Welt berichten über Frauen aus den Industrieländern. Außerdem werden Prozesse und Ergebnisse der Weltfrauenkonferenz 1985 in Nairobi dargestellt. Teil 3 enthält Statistiken zu den obengenannten Themen.

terre des hommes: Für alles mußt Du kämpfen. Internationale Frauenkonferenz, Berichte, Workshops, Kontakte. Postfach 4126, 4500 Osnabrück, 1988
An der 1987 durchgeführten Frauenkonferenz nahmen Frauen aus Projekten teil, die von terre des hommes unterstützt werden. Aus allen Kontinenten berichten und diskutieren Frauen über ihre Organisationsformen (Bewegungen, Kooperativen, Frauenrat), über Überlebensstrategien und Bevölkerungspolitik.

Schürings, H./ Schimpf-Herken, I./ Görtz, A.F.: Frauenförderung und Frauenforderungen. Zur Mitarbeit des DED, Band I in Afrika, Band II in Lateinamerika, Band III in Asien und in Arabischen Ländern, Band IV Materialien. Berlin 1988
Diese Studie prüft, wieweit durch die Mitarbeit von EntwicklungshelferInnen die Interessen und Forderungen von Frauen berücksichtigt werden und gibt Empfehlungen zu inhaltlichen und strukturellen Veränderungen. Außerdem werden Ergebnisse der UN-Dekade und die Konzeptionen und Aktivitäten vieler Organisation der Entwicklungszusammenarbeit in der BRD dargestellt.
Bezug: Deutscher Entwicklungsdienst, Kladower Damm 299, 1000 Berlin 22

„who is who? ‚dritte welt' in frankfurt" enthält Selbstdarstellungen und Adressen von Initiativen und Institutionen zur internationalen Solidarität, Flüchtlingsarbeit und MigrantInnenbewegung. Herausgeber und Bezug: Dritte Welt Haus Frankfurt, Friesengasse 13, 6000 Frankfurt 90

Erarbeitung der Ausstellungstafeln, Zusammenstellung und Texte, soweit nicht anders vermerkt:

Hildegard Schürings

INTERNATIONALE ARBEITSTEILUNG

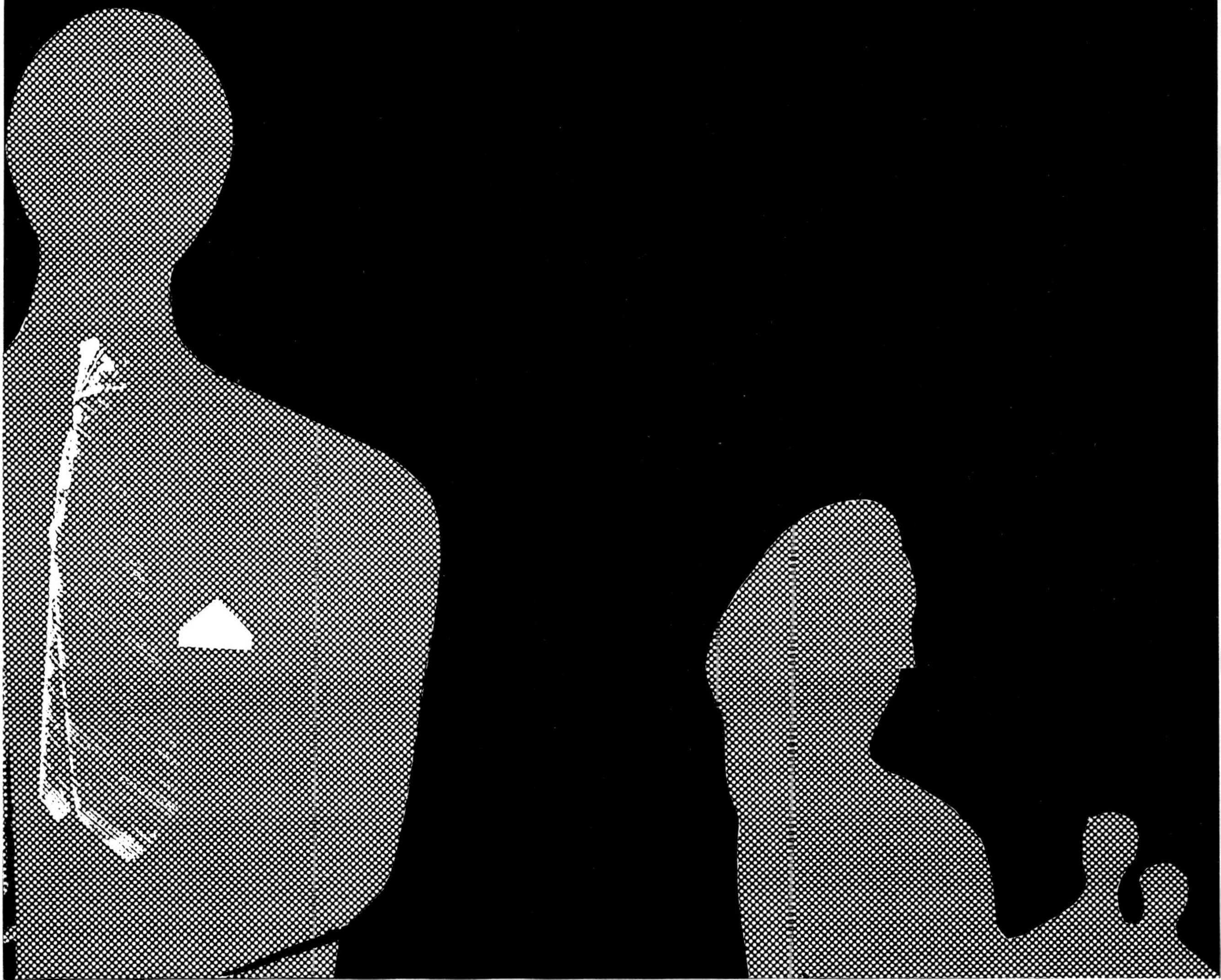

Stelltafel des Arbeitskreises „Frauen aus aller Herren Länder" zur Protestaktion
vor der Adler-Verkaufsfililale in der Mainzer Landstraße in Frankfurt am 1. August 1987

Frauenarbeit in Südkorea

Die vielzitierte „Konkurrenzfähigkeit" der deutschen Wirtschaft wird für Arbeiterinnen und Arbeiter in arbeitsintensiven Branchen in der Bundesrepublik (wie z.B. Bekleidung, Haushaltsgeräte ...) häufig zum Verhängnis. Ihre Arbeitsplätze, und damit meist auch ihr weiteres Auskommen, fallen den „notwendigen Strukturreformen" zum Opfer.
Besonders multinationale Konzerne operieren weltweit, um die jeweils günstigsten Bedingungen wahrnehmen zu können. Und günstige Bedingungen in ihrem Sinne herrschen dort, wo die Mehrheit der Bevölkerung eines Landes ums Überleben kämpft und deshalb viele Menschen gezwungen sind, zu niedrigsten Löhnen zu arbeiten.

Durch diese Internationalisierung der Produktion, wie sie durch die Wirtschaft seit den 70er Jahren massiv vorangetrieben wird, entsteht ein Weltmarkt für Arbeitskräfte, auf dem Arbeiterinnen und Arbeiter aus den Industrieländern mit Arbeiterinnen und Arbeitern aus Ländern der „Dritten Welt konkurrieren", deren Löhne meist nicht einmal an das Existenzminimum heranreichen.
Zu den Ländern, die in den letzten Jahren Ziel der Produktionsverlagerungen aus den Industrieländern wurden, gehört auch Südkorea. Für die Weltbank und den Internationalen Währungsfonds gilt dieses südostasiatische Land als „Musterland". Dafür scheinen vor allem die hohen wirtschaftlichen Wachstumsraten der letzten Jahre zu sprechen, die das Ergebnis einer Entwicklungsstrategie sind, die die Wirtschaft eines Landes weitgehend auf die Produktion für den Weltmarkt, und das heißt in der Regel für die Industrieländer auszurichten sucht. Ein wesentlicher Aspekt einer solchen Entwicklungsstrategie besteht in der Einrichtung von „Freien Produktionszonen". Freie Produktionszonen sind Wirtschaftszonen, in denen sich vor allem ausländische Unternehmen niederlassen. Um die notwendigen Investitionen für infrastrukturelle Einrichtungen wie Verkehrswege, Stromversorgung usw. zur Verfügung stellen zu können, mußte Südkorea sich hoch verschulden. Ausländische Unternehmer profitieren von dem in den Freien Produktionszonen herrschenden „günstigen Investitionsklima":
mindestens fünf Jahre Steuerfreiheit, uneingeschränkter Gewinntransfer, Streikverbot und niedrigste Mindestlöhne.
Von den sogenannten „sozialen Kosten", die unabdingbar mit wirtschaftlichem Fortschritt verbunden scheinen, sind die Frauen meist besonders hart betroffen. So sind zum Beispiel dreiviertel aller Beschäftigten in den Freien Produktionszonen Frauen. Die Arbeitskraft der südkoreanischen Arbeiterinnen gilt den ausländischen Unternehmern als „natürlicher" Standortvorteil des Landes. Folglich erscheint es auch als natürlich, daß die Frauen dort 50 bis 70 Stunden pro Woche arbeiten, für einen Lohn, der weniger als die Hälfte des sogar staatlich festgelegten Existenzminimums ausmacht — und die Hälfte des Lohnes ihrer männlichen Arbeitskollegen.
Die ausbeuterischen Arbeitsbedingungen und die totale Unterdrückung freier gewerkschaftlicher Betätigung, wie sie nicht zuletzt in den Freien Produktionszonen vorherrschen, führten 1988 zu einer Reihe von Streiks und zum Teil blutigen Auseinandersetzungen zwischen Studenten und Arbeitern auf der einen und Polizei und Paramilitärs auf der anderen Seite, durch die Südkorea für eine gewisse Zeit in die Schlagzeilen der internationalen Nachrichtenmedien geriet.

Zu den Unternehmen, die die „Vorteile" einer Produktionsverlagerung nach Südkorea erfolgreich zu nutzen wußten, gehört die deutsche Textil- und Bekleidungsfirma „Adler". Mit 38 Märkten in verschiedenen europäischen Ländern ist „Adler" der größte Bekleidungsdiscounter in ganz Europa.
Der Verkauf von im südkoreanischen Produktionswerk „flair fashion" in Iri hergestellten Textilien zu „unverschämt günstigen Preisen" (Adler-Werbe-Slogan, der nach den Protesten gegen diese Firma im Sommer 1987 abgeändert wurde), brachte dem Unternehmen erhebliche Gewinne ein. So stiegen die Gewinne von „Adler" zwischen 1976 und 1986 um das 32fache auf über 30 Mio. DM!

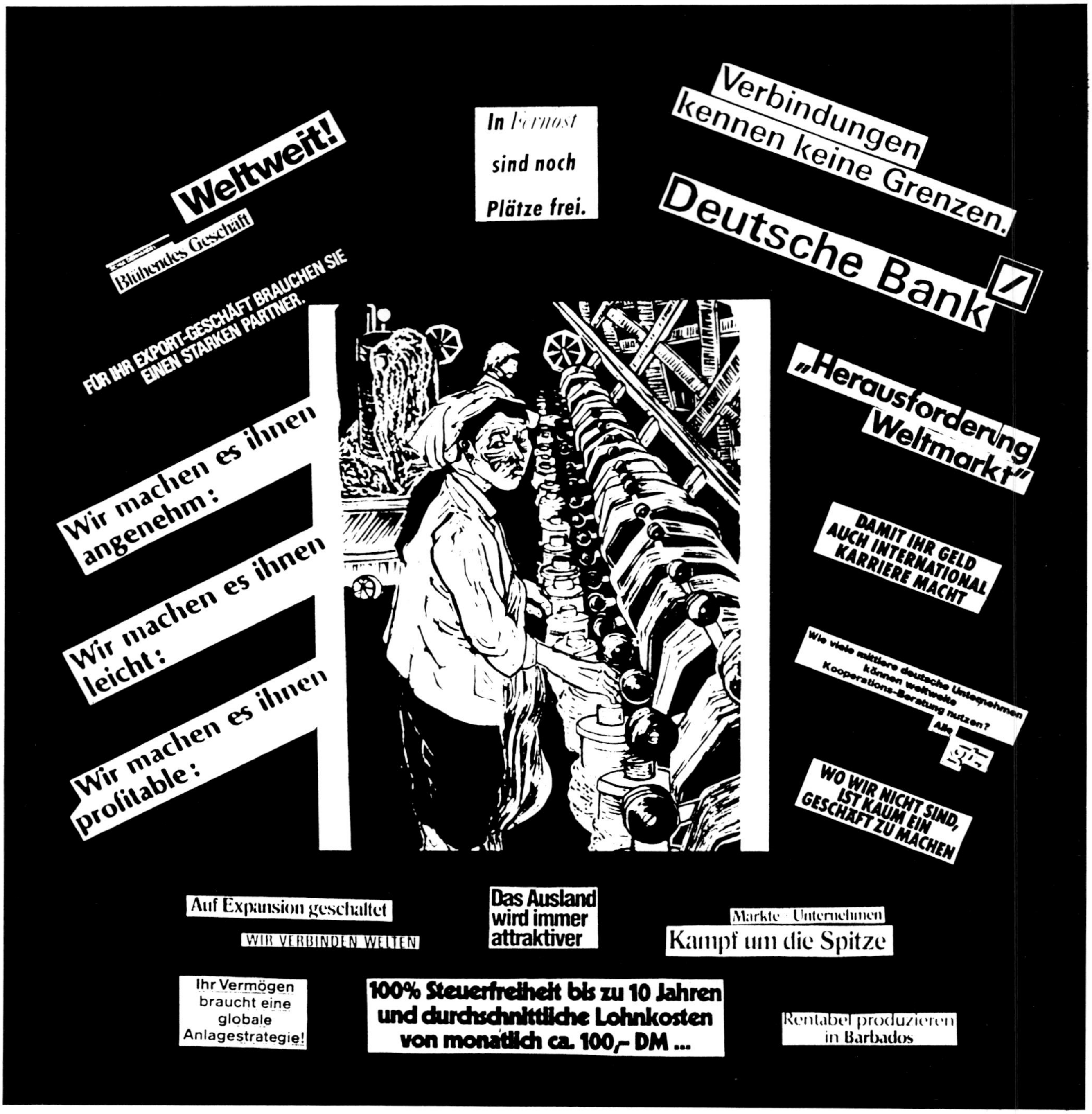

In der Mitte: Textilarbeiterin, Holzschnitt der Künstlergruppe Turong, Südkorea,

Werbemottos aus Wirtschaftszeitungen.

vielleicht

Pak No Hae

Vielleicht bin ich nur eine Maschine — ich weiß nicht,
verlöte mechanische Teilchen,
die auf dem Fließband herandrängen;
wie ein Roboter
viele tausend Mal dieselbe Bewegung.
Bin ich schon zur Maschine geworden — ich weiß nicht.

Vielleicht sind wir nur Hühner
in einer Hühnerfarm — ich weiß nicht.
Dicht gedrängt in Reih und Glied
hocken wir im trüben Licht,
rühren unsere Hände
im vorgegebenen Tempo.
Sind wir nur Hühner
in einer Hühnerfarm — ich weiß nicht.
Bei schneller Musik
legen sie noch mehr Eier.
Ist die Kraft verbraucht,
können sie keine Eier mehr legen,
dann sind das nutzlose Hühner,
Kentucky Fried Chicken.
Sind wir nur Hühner
in einer Hühnerfarm — ich weiß nicht.
Die hübsche, schlanke Chongsun fragt:
So leben — was soll aus mir werden?
Ein Barmädchen wird sie jetzt
unter Tränen.

Mit einem kranken Magen quälte sich Yongnam,
ein nutzloses Huhn ist er geworden,
geht zurück in die trostlose Heimat.
Drei lange Jahre,
zäh, mit zusammengebissenen Zähnen,
ging Chaesim zur Abendschule,
nur eine kleine Stelle in der Buchhaltung
suchte sie — umsonst,
zerreißt ihr Abschlußzeugnis,
hockt sich in eine Ecke.
Vielleicht sind wir nur Tiere,
in ein Joch gespannt — ich weiß nicht.

Die da,
die unsere Eier schlürfen,
vielleicht sind das Banditen — ich weiß nicht.

Die da,
die Menschen zu Maschinen machen,
zu Konsumartikeln,
zu käuflicher Ware,
sind das ehrbare, legale Banditen — ich weiß nicht.

Dieses fürsorgliche Lächeln
und diese gepflegte Schönheit und diese gepflegten Umgangsformen
und dieser Wohlstand und dieser strahlende Glanz,
vielleicht gehört das eigentlich uns — ich weiß nicht.

Auf Kosten unserer blutigen Tränen,
unserer Verzweiflung und unseres Schmerzes
saugen sie unser Lachen,
unsere Schönheit und unser Licht
bis auf den letzten Tropfen.
Vielleicht sind das nichts anderes als Vampire — ich weiß nicht.

aus: Denis, M./Dischereit, E./Song, Du-Yul/Werning, R.: Kein Land für friedliche Spiele, Reinbek 1988, S. 129

Nachdem der Direktor der Firma, Fürchtegott Adler, ein Gespräch abgelehnt hat, versuchen Arbeiterinnen in seine private Villa einzudringen. Fürchtegott Adler ist bereits in Richtung BRD abgereist.

Arbeiterinnen und Arbeiter der Adler-Produktionsniederlassung „flair fashion" protestieren für die Wiedereinstellung der entlassenen Aktivistinnen.

Während in den Verkaufsfilialen in der Bundesrepublik durch den Verkauf der in Südkorea produzierten Textilien „unheimliche" und unverschämte Gewinne gemacht werden, schuften die Produzentinnen, diese „dunkelhäutigen, fleißigen und außerordentlich geschickten Mädchen" (Fürchtegott Adler)

— für einen Durchschnittslohn pro Stunde, der unter 1 DM liegt
— bei Arbeitszeiten von zehn bis zwölf Stunden täglich
— bei Temperaturen in den Arbeitsräumen, die nicht selten 40 bis 45 Grad Celsius übersteigen
— unter großer Gefahr für Leben und Gesundheit angesichts der hohen Anzahl von Arbeitsunfällen oder Arbeitskrankheiten
— unter strengen, von Computern durchgeführten Leistungskontrollen.

Im März 1987 traten die Arbeiterinnen und Arbeiter des Adler-Produktionswerkes „flair fashion" gegen die unmenschlichen Arbeitsbedingungen, sexuelle Belästigungen am Arbeitsplatz, für Lohnerhöhungen, sowie ein überschaubares Lohnsystem in den Streik. Das Unternehmen reagierte darauf mit Aussperrung, Entlassung und dem Einsatz firmeneigener „Rettungstruppen" sowie prügelnder Paramilitärs. Zwölf Aktivistinnen wurden von der Geschäftsleitung des Werkes entlassen. Die Forderung nach Wiedereinstellung der Entlassenen wurde von nun an eine der zentralen Forderungen der Arbeiterinnen.

Als die Arbeiterinnen von „flair fashion" sich an die bundesdeutsche Öffentlichkeit wandten, organisierten koreanische und deutsche Frauengruppen, kirchliche Gruppen und Teile der Gewerkschaft eine breite

Öffentlichkeitskampagne gegen die Praktiken dieser Firma.

In diesem Rahmen fanden im Herbst 1987 an verschiedenen Orten in der BRD Protestveranstaltungen vor Adler-Verkaufsfilialen statt. Eine solche Veranstaltung führte im August 1987 auch zu ersten Kontakten zwischen unserem Arbeitskreis „Frauen und Dritte Welt in Frankfurt" und der koreanischen Frauengruppe sowie anderen Teilnehmern und Teilnehmerinnen dieser Protestkampagne. Diese Zusammenarbeit führte dazu, daß sich Soo-Za aus der Koreanischen Frauengruppe dem Arbeitskreis anschloß, um die Erfahrungen aus diesem Arbeitskonflikt im Rahmen einer Ausstellung zu verarbeiten und über die tagespolitische Aktualität hinaus einer breiteren Öffentlichkeit bewußt zu machen.
Der Durchhaltewillen und die Solidarität unter den koreanischen Arbeiterinnen sowie der Druck der bundesdeutschen Öffentlichkeit zwangen das Unternehmen schließlich zu Zugeständnissen. Die geforderten Lohnerhöhungen konnten durchgesetzt werden, ein Teil der entlassenen Aktivistinnen wurde wieder eingestellt.
Einen nicht unwesentlichen Beitrag, die Verhandlungsbereitschaft der geschäftsleitenden Herren der Firma „Adler" zu stärken, hatte offenbar die „Rote Zora" geleistet, die im August des Jahres acht spektakuläre Brandanschläge auf Adler-Verkaufsfilialen in der Bundesrepublik durchgeführt hatte. Hierdurch rückte die Kontroverse um die Praktiken der Firma eigentlich erst in das Bewußtsein der bundesrepublikanischen Öffentlichkeit.

Seither scheint die Geschäftsführung der Firma „Adler" geflissentlich damit beschäftigt, das angeschlagene Image der Firma aufzupolieren. Ende 1988 erfuhren wir, daß die Firma sich mit dem Gedanken trage, ihr Produktionswerk in Iri abzustoßen, um in Zukunft in einer der neu eingerichteten Freien Produktionszonen in China zu produzieren. Ihre Absicht begründet die Firma mit der Gefährdung ihrer Mitarbeiterinnen, Kunden und Kundinnen durch die Anschläge der „Roten Zora". Tatsache ist jedoch, daß „Adler" bereits seit 1982, also lange vor dem Arbeitskonflikt in Iri, über eine Produktionsverlagerung mit China verhandelte. So kamen die Brandanschläge der „feministischen Terrororganisation" den Herren von „Adler" in gewisser Weise zu recht, um von den wirtschaftlichen Motiven ihrer Absicht, wie z.B. den anfälligen Steuern in Südkorea, abzulenken. ■

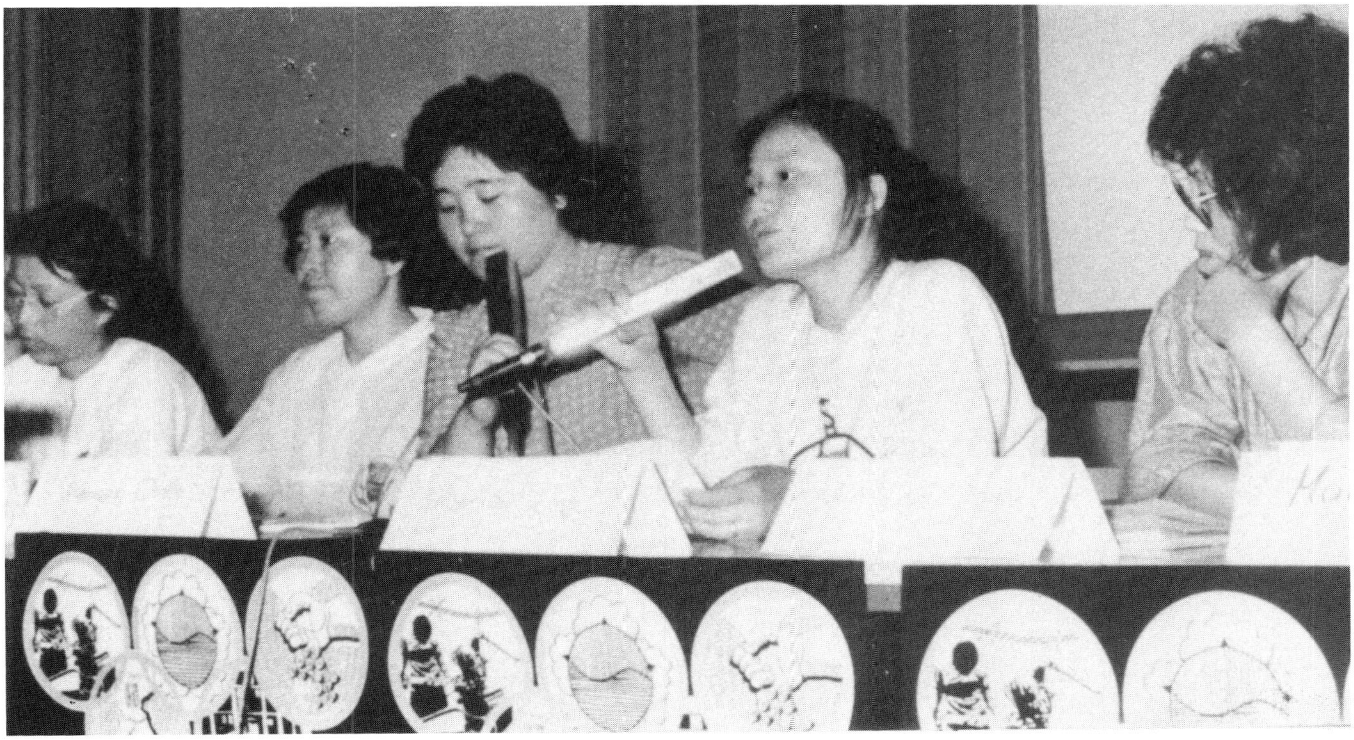

Südkoreanische Frauen berichten in der Christuskirche in Frankfurt über die Ereignisse in Südkorea.

Literatur

Weiterführende Literatur

Esther Dischereit: „Der Kampf der Arbeiterinnen von Flair Fashion in Südkorea", in: beiträge zur feministischen theorie und praxis, Nr. 23, 1988

Der Artikel zeigt am Beispiel der deutschen Textilfirma Adler auf, welche Bedeutung Produktionsverlagerungen in „Billiglohnländer" für eine expansive Unternehmenspolitik haben und liefert Hintergrundinformationen über den Verlauf und die Folgen des Arbeitskonfliktes im Adler-Betrieb „Flair Fashion", sowie die unerwartete Solidarität mit den Arbeiterinnen von „Flair Fashion" in der BRD. Die Autorin geht dabei besonders auf die Rolle der Kirche ein, die im Verlauf der Solidaritätsarbeit ihrer Mitgliederinnen und Mitglieder unter erheblichen Druck seitens der Unternehmerverbände geriet.

Ute Koczy, Christa Stolle, Jai Sin Pak: Die Bescheidenheit ist vorbei — Koreanische Frauen wehren sich gegen Ausbeutung und ungerechte Weltwirtschaftsstrukturen, epd-Materialien III/88

Dieses Materialienheft des Evangelischen Pressedienstes (epd) beschäftigt sich mit den Hintergründen der Internationalen Arbeitsteilung im Zusammenhang mit der Situation der Arbeiterinnen und Arbeiter im „Wirtschaftswunderland" Südkorea. Dabei steht die Rolle der Frauen als Arbeitskräfte und „natürliche Ressource" im Vordergrund. Neben Beiträgen zur Rolle der Freien Produktionszonen, dem Welttextilabkommen, der wirtschaftlichen Entwicklung Südkoreas, der Rolle deutscher Unternehmen im Land und der Lage der Gewerkschaften, besonders der Bewegung der Arbeiterinnen, enthält das Materialienheft eine detaillierte Chronologie des Arbeitskonfliktes im Adler-Betrieb „Flair Fashion" sowie dessen positive und negative Auswirkungen in der BRD, wie sie u.a. in einer erfolgreichen Solidaritätsarbeit, aber auch in der Diffamierung kirchlicher Solidaritätsaktionen und der Kriminalisierung der Frauenbewegung zum Ausdruck gekommen sind.

Das Heft kann beim epd-Vertrieb (epd-Entwicklungspolitik, Friedrichstraße 2, 6000 Frankfurt a.M. 1) zum Preis von DM 8,- (zuzüglich Versandkosten) bestellt werden.

Michael Denis, Esther Dischereit, Du-Yul Song, Rainer Wehring: Südkorea — Kein Land für friedliche Spiele, rororo aktuell, 1988

Koreanische und deutsche Autorinnen und Autoren schildern die Geschichte Koreas von der japanischen Kolonialzeit über die Spaltung des Landes nach dem Korea-Krieg bis zur umstrittenen Wahl des Landes als Austragungsort der olympischen Sommerspiele 1988. Dabei gehen sie besonders auf die Rolle der USA für die Entwicklung des Landes ein. Im Vordergrund stehen die wirtschaftliche Entwicklung Südkoreas, d.h. die gewaltsame Industrialisierung und der Kampf um den Weltmarkt, sowie die Lage der Arbeiterinnen und Arbeiter. Zum Verständnis der aktuellen Situation gehen die Autorinnen und Autoren auf die Situation der demokratischen Bewegung sowie die Formierung der Opposition zwischen Parlament und Straße ein und stellen die Frage, ob in Südkorea in der augenblicklichen Situation Reformen von innen möglich sind.

Erarbeitung und Zusammenstellung der Ausstellung sowie Texte:

Ute Heckroth, Soo Za Lee

FLUCHT UND MIGRATION

Maria G.

Sie ist 39 Jahre alt. Anfang 1974 verließ sie Chile, weil dort eine Militärdiktatur herrschte. Ihr Mann ist verschwunden. Sie kam alleine in die Bundesrepublik mit drei kleinen Kindern.

Marjam S.

Sie ist 26 Jahre alt und ledig. Im Mai 1985 verließ sie den Iran, weil sie dort nicht mehr studieren durfte. Sie studiert hier Medizin.

Leila M.

Sie ist 28 Jahre alt. Mit 17 heiratete sie. Vor zehn Jahren verließ sie ihr Land, um hier mit ihrem Mann zu leben. Sie hat vier Kinder. Sie ist Palästinenserin und kommt aus Bethlehem.

Nelida S.

Sie ist 41 Jahre alt. Sie heiratete einen Deutschen, dessen jüdische Eltern 1937 vor den Nazis in ihr Land, Argentinien, geflohen waren. 1971 kamen beide in die Bundesrepublik, um Arbeit zu finden. Sie hat zwei Kinder.

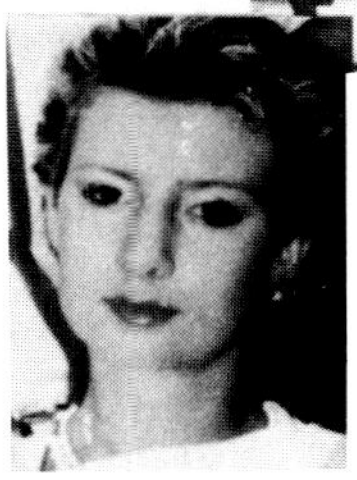

Sema I.

Sie ist 25 Jahre alt. Vor sechs Jahren heiratete sie. Sie mußte ein Jahr warten, bis sie hier mit ihrem Mann zusammen leben durfte. Sie hat eine dreieinhalb-jährige Tochter. Sie kommt aus Antalya in der Türkei.

Wege

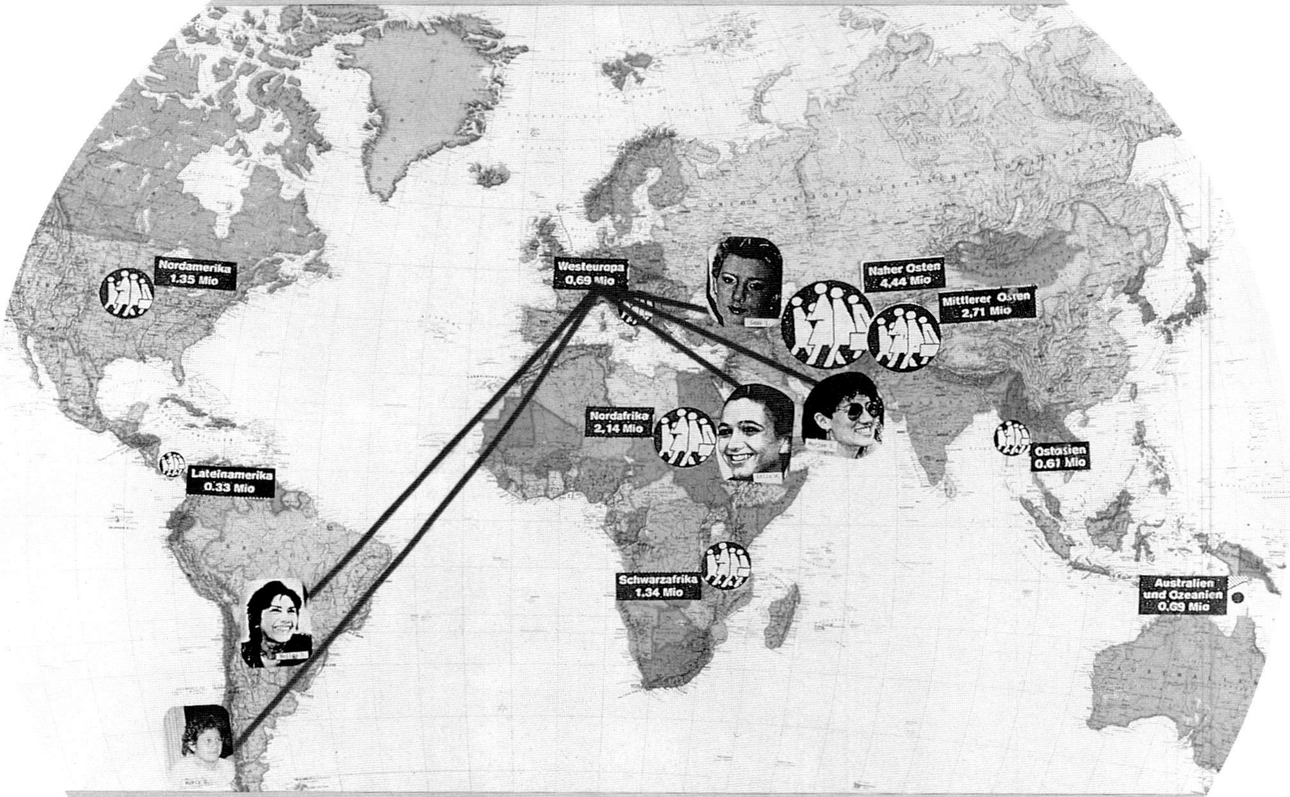

Heute sind 14 bis 15 Millionen Menschen weltweit „offiziell" auf der Flucht. 75% von ihnen sind Frauen mit Kindern. Die meisten Flüchtlinge leben in Ländern der „Dritten Welt". Nur einem Bruchteil gelingt es, in die reichen Länder Westeuropas zu kommen — gerade 5%. Von diesen 5% sind wiederum nur 20% Frauen. In Pakistan leben 2,7 Millionen, im Iran 2,3 Millionen, im Sudan – einem der ärmsten Länder der Welt – 1,2 Millionen Flüchtlinge; 2,1 Millionen PalästinenserInnen leben in Lagern verschiedener arabischer Staaten.

In der Bundesrepublik Deutschland — das sechstreichste Land der Erde — leben laut Veröffentlichungen vom Sommer 1989 ca. 80.000 anerkannte Flüchtlinge; für weitere 110.000 ist das Verfahren noch offen. Angaben über die Anzahl der Frauen und Kinder unter ihnen liegen nicht vor.

Ankunft

FRANKFURT
„MAN IST SOFORT ZU HAUSE“
DIE STADT, DIE IHRE MENSCHEN MAG
STADT FRANKFURT AM MAIN

Flüchtlingslied

Ich hatte mal'ne Heimat
Ich hatte mal ein wunderschönes Heim
Ich hatte mal'ne Familie
Wir wollten alle glücklich sein

Wir sind Flüchtlinge
Eure Grenzen sollen offen sein
Wir wollen wieder zurück nach Hause
Bis dann haben wir Recht auf Menschlichkeit

In meiner Heimat ist jetzt Krieg
Statt meinem Haus ist jetzt Schutt
Ich habe keine Familie mehr
Alles ist kaputt

Wir sind Flüchtlinge
Eure Grenzen sollen offen sein
Wir wollen wieder zurück nach Hause
Bis dann haben wir Recht auf Menschlichkeit

Mein Mann, der ist im Kerker
Mein Sohn, der mußte in den Krieg
Meine kleinen Kinder wollen Milch
Was bedeutet für mich Sieg?

Wir sind Flüchtlinge
Eure Grenzen sollen offen sein
Wir wollen wieder zurück nach Hause
Bis dann haben wir Recht auf Menschlichkeit

In meiner Heimat muß wieder Frieden sein
Vor meinem Haus soll's wieder Rosen geben
Ich möchte mit meiner Familie
In meinem Land mit Würde leben.

Wir sind Flüchtlinge
Eure Grenzen sollen offen sein
Wir wollen wieder zurück nach Hause
Bis dann haben wir Recht auf Menschlichkeit

Jetzt müssen wir uns vereinigen
Jetzt gibt es keine andere Wahl
Nur in dem Kampf zusammen
Erreichen wir unser Ziel

Wir sind Flüchtlinge
Eure Grenzen sollen offen sein
Wir sollen wieder zurück nach Hause
Bis dann haben wir Recht auf Menschlichkeit

Katayun

Erste Eindrücke

Nelida S.

Als ich ankam, war es dunkel – es gab keine Sonne. Ein bißchen traurig. Ich fand die Stadt nicht besonders. Was mir auffiel, war, daß man so viele Essensachen aus allen Ländern kaufen konnte.

Maria G.

Nach dem Militärputsch in Chile am 11. September 1973 wurde ich verfolgt und festgenommen, weil ich einer politischen Partei angehörte und außerdem Arbeit in einem Randviertel von Santiago mit Armen machte. Ein halbes Jahr mußte ich in einem Konzentrationslager Folter und Demütigungen über mich ergehen lassen. Danach steckten sie mich in ein Gefängnis, wo ich nach einem weiteren halben Jahr von einer ausländischen Organisation rausgeholt wurde.
Im April kam ich mit meinen drei Kleinkindern in Frankfurt an; es war kalt. Sie brachten mich in eine Jugendherberge. Am nächsten Morgen um neun Uhr mußten wir die Herberge verlassen und durften erst am späten Nachmittag wieder hinein. Ich wußte nicht, wo wir hingehen sollten. Ich habe mich mit den Kindern ans Flußufer gesetzt und wollte nur zurückkehren.

Leila M.

Ich habe gedacht: New York! Ich habe nichts — gar nichts verstanden. Alles war anders. Und ich hatte Angst.
Als ich hierher kam, war ich 18 Jahre alt. Ich kannte niemanden außer meinem Mann. Ich hatte nichts als vier Wände den ganzen Tag. Mein Mann war ja bei der Arbeit. Und ich war ganz alleine. Ich habe ein halbes Jahr lang jeden Tag geweint. Ich habe soviel geweint, daß mein Herz zu Stein wurde.

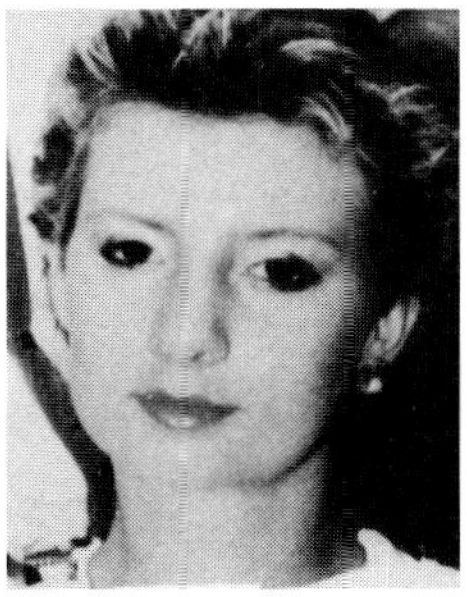

Sema I.

Es gab so viele Hunde überall! Und die alten Leute haben mich erstaunt — so viele alte Leute, die so jung aussahen. In der Türkei sehen die alten Leute richtig alt aus.

Marjam S.

Ich hatte vor allem Heimweh. Ich habe Tag und Nacht geweint.

Ausländer-„Recht" ?

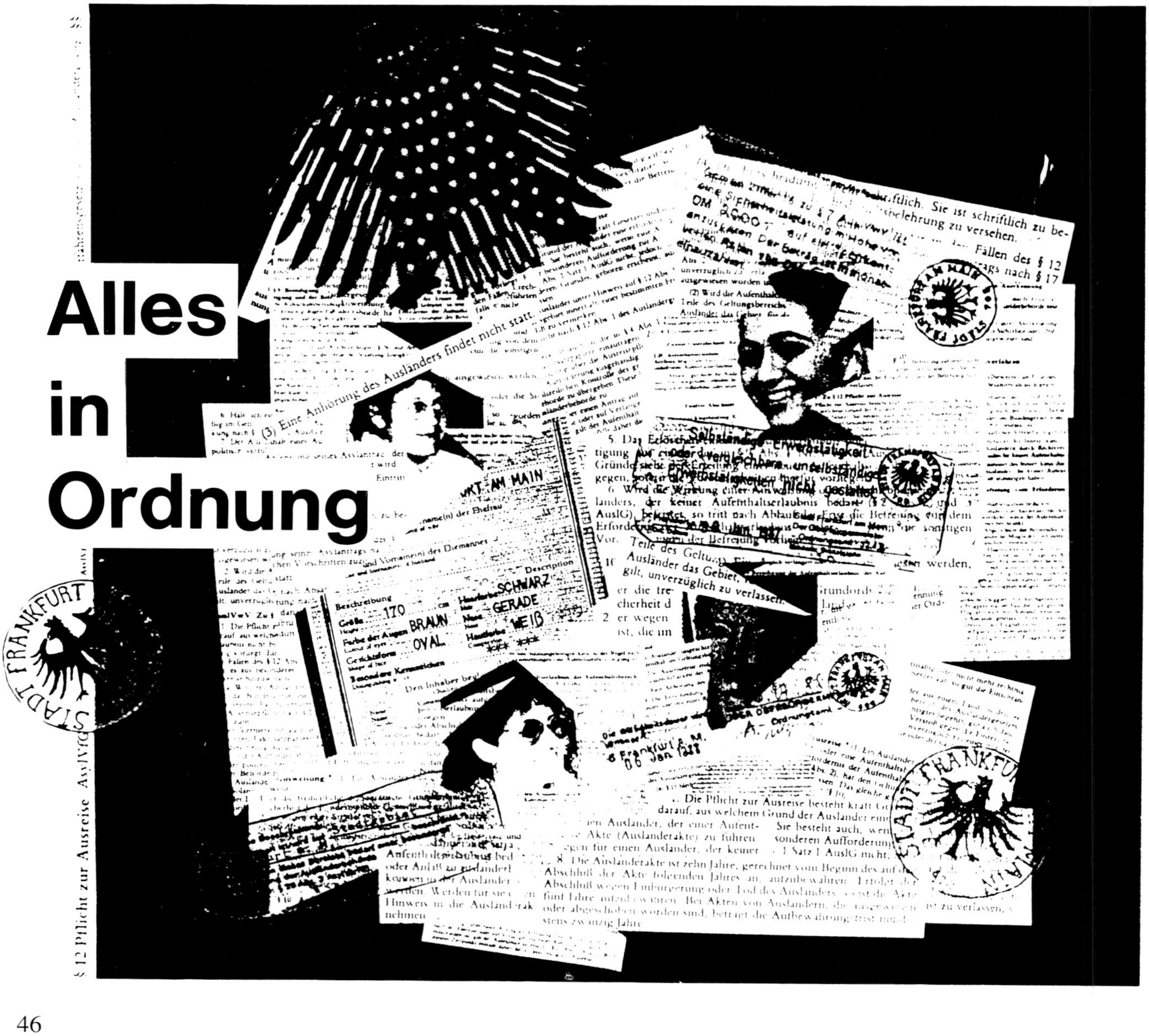

Das bestehende Ausländerrecht für ausländische ArbeiterInnen und ihre Familien stammte aus den sechziger Jahren und war mehr oder weniger ein Fremdenrecht. Die Bestimmungen waren unscharf. Den Ländern, die die Durchsetzung des Gesetzes zu vertreten hatten, blieb überlassen, wie sie mit den gummiartigen Bestimmungen umgingen. Die Länder wiederum erteilten Richtlinien, Erlasse und Weisungen — zum Teil veröffentlichte, zum Teil aber auch nichtveröffentlichte — nach denen sich die Beamten der Ausländerbehörde richten sollten. Für den Beamten ist es schon schwer sich auszukennen, um wieviel schwerer ist es jedoch für die Betroffenen, selber da durchzublicken.
Das Ausländergesetz wurde aus diesen Gründen novelliert und zwar mit dem Ziel — nach bisher abgegebenen Stellungnahmen — einige Verbesserungen der Rechtsstellung von „AusländerInnen" herbeizuführen. Wir fragen jedoch, was nützen diese Verbesserungen, wenn sie wieder wirkungslos gemacht oder in ihr Gegenteil verkehrt werden? Dadurch, daß die Ansprüche an zum Teil schwer erfüllbare Voraussetzungen geknüpft sind oder durch entgegenstehende Verwaltungsvorschriften gar wieder außer Kraft gesetzt werden können!
Nach heutigem Recht bekommt man erst eine befristete Aufenthaltserlaubnis (Angehörige von hier lebenden ausländischen Arbeitnehmern haben ihre Aufenthaltsgenehmigung nur im Verbund mit der Familie, und nach drei Jahren unbefristete Aufenthaltserlaubnis). Laut neuem Gesetz soll diese nicht wie bisher nach drei Jahren, sondern erst nach fünf Jahren unbefristet verlängert werden. Innerhalb von zwei Jahren haben AusländerInnen (ImmigrantInnen) dann aber nachzuweisen, daß ihr Lebensunterhalt aufgrund eines unbefristeten und ungekündigten Arbeitsverhältnisses gesichert ist.
Auch die zeitlich und räumlich unbeschränkte Aufenthaltsberechtigung, die nach fünf Jahren Aufenthalt beantragt werden kann, hat den Vorteil, besonders die Frauen davor zu schützen, bei längerer Arbeitslosigkeit oder aber bei Bezug von Sozialhilfe Gefahr zu laufen, die Aufenthaltserlaubnis zu verlieren. Dies würde zur Ausweisung führen.
Im neuen Gesetz wird eine Erteilung der Aufenthaltsberechtigung gebunden sein an erforderliche Nachweise, z.B. mindestens 60 Monate Beiträge zur gesetzlichen Rentenversicherung bezahlt zu haben oder in eine private Lebensversicherung einzuzahlen.
Diese Bedingungen macht das eigenständige Aufenthaltsrecht mit Aufenthaltsberechtigung für viele Frauen fast unmöglich, da sie oft in befristeten Arbeitsverhältnissen beschäftigt sind.
Nur 10 bis 12% der Betroffenen haben eine Aufenthaltsberechtigung, wobei häufig Frauen von ausländischen Arbeitnehmern die Aufenthaltsberechtigung verweigert bekommen, wenn sie nicht genug Deutsch sprechen. Die Koppelung des aufenthaltsrechtlichen Status von Frauen an den Bestand der Ehe bewirkt eine mehrfache Diskriminierung von Migrantinnen, nämlich 1. als Ausländerinnen, 2. als Frauen und 3. trifft es Frauen aus den sogenannten „Drittländern" (Nicht-EG) am härtesten.
Nur ein Viertel der Migrantinnen ist mit eigener Aufenthaltserlaubnis nach Deutschland gekommen, ca. dreiviertel der Frauen sind auf dem Weg des Familiennachzugs gekommen. Alle diese Frauen bekommen in den ersten drei bis fünf Jahren keine eigene Aufenthaltserlaubnis und somit auch kein eheunabhängiges, eigenständiges Aufenthaltsrecht, d.h. bei Scheidung, Tod des Ehepartners oder seiner Rückkehr ins Heimatland entfällt auch für die Frau die Aufenthaltserlaubnis. Und die über den Heiratshandel eingereisten Frauen werden bei „Nicht-Gefallen" wieder zurückgeschickt.
Die Frau kann nach fünf Jahren die unabhängige Aufenthaltserlaubnis beantragen, bekommt sie jedoch nur, wenn sie eine gesicherte Existenz hat: d.h. Nachweis einer Arbeitserlaubnis und eines Arbeitsplatzes. Für alle Ausländerinnen ist das schwer, für „Drittstaatlerinnen" ist diese Auflage fast unerreichbar.
Frauen, die als Flüchtlinge in die BRD gelangen, haben oft größere Schwierigkeiten, sowohl bei der Vergangenheitsbewältigung als auch bei der Gestaltung des Lebens hier, da sie mit zusätzlichen Problemen zu kämpfen haben.
So werden frauenspezifische Fluchtgründe nicht anerkannt, z.B. vom Manne verstoßen zu werden, dadurch auch außerhalb der Gemeinschaft zu stehen; zwangsweise Verheiratung durch die Familie; Frauen, die von ihrer Familie privat verfolgt werden, haben keine Anerkennungschancen.
Nach juristischen Normen sind nur die Menschenrechtsverletzungen, die oft gleichzusetzen sind mit Männerrechtsverletzungen, asylrelevant.
Trotz erheblicher Proteste von kirchlichen Initiativen, Wohlfahrtsverbänden, Ausländergruppen und Parteien wurde das Ausländergesetz im April 1990 vom Deutschen Bundestag verabschiedet.

Sema I.

Ich bin schon seit 5 Jahren in Frankfurt. Ich habe eine dreieinhalb-jährige Tochter, Gülen. Sie geht schon in den Kindergarten. Mein Mann ist Lehrer. Er ist seit 12 Jahren hier. In der Türkei hat er auch als Lehrer gearbeitet. Dort verdient ein Lehrer ungefähr 200 DM im Monat. Aber die Mieten sind fast so teuer wie hier, wie viele andere Sachen auch. Und es wird immer teurer.

Mein Mann spricht sehr gut Deutsch. Das möchte ich auch. Aber zu Hause und mit Freunden sprechen wir immer Türkisch. Ich besuche einen Deutschkurs im Mutter-Kind-Zentrum in Bornheim.

Einen Führerschein hat mein Mann auch. Ich habe noch keinen, aber ich möchte ihn machen. Manchmal fahren wir auf den ADAC-Platz. Aber dieses Jahr geht es nicht. Wir fahren im Urlaub in die Türkei, und das ist eine sehr teure Sache — vielleicht nächstes Jahr!
Aber Fahrradfahren habe ich gelernt! Nur — ich fahre immer noch nicht gerne auf der Straße — lieber im Park.

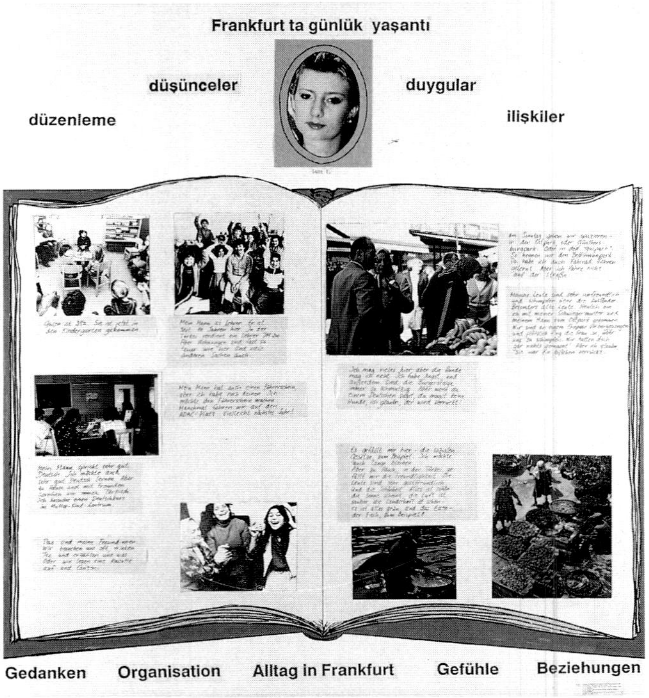

Alltag in Frankfurt

Gedanken — Organisation — Gefüh

Am Sonntag gehen wir spazieren — in den Ostpark oder Günthersburgpark. Oder in den „Gülpark". So nennen die Türken den Bethmannpark.
Oder mein Mann spielt Fußball. Dann besuche ich meine Freundinnen, oder sie mich. Wir trinken Tee, machen Handarbeiten und erzählen uns was. Manchmal legen wir eine Kassette auf und singen und tanzen dazu.

Manche alte Leute sind sehr unfreundlich und schimpfen über die Ausländer. Neulich bin ich mit meiner Schwiegermutter und meinem Mann vom Ostpark gekommen. Wir sind an einem Ehepaar vorbeigegangen und die Frau fing plötzlich an, über uns zu schimpfen. Wir hatten ihnen doch überhaupt nichts getan! Aber ich glaube, sie war ein bißchen verrückt.

Ich mag die vielen Hunde nicht. Bei uns gibt es keine Hunde im Hause. Ich habe vor ihnen Angst, und außerdem sind die Bürgersteige so schmutzig. Aber wenn du einem Deutschen sagst, du magst keine Hunde, ich glaube, der wird verrückt.

Es gefällt mir hier gut — die sozialen Gesetze, zum Beispiel. Ich möchte auch lange bleiben, und vielleicht finde ich Arbeit. Jetzt, nach fünf Jahren, kann ich eine Arbeitserlaubnis bekommen.

Aber zu Hause, in der Türkei, gefällt mir die Freundlichkeit. Die Leute sind sehr gastfreundlich. Und die Schönheit. Antalya ist so schön! Die Sonne scheint, die Luft duftet, die Landschaft ist schön — es ist alles grün. Und das Essen — der Fisch, zum Beispiel!

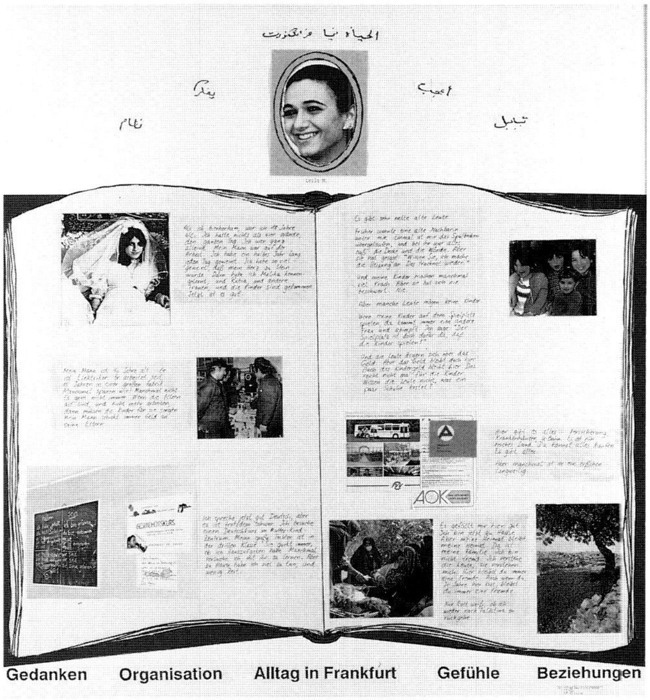

Leila M.

- Beziehungen

Doch, der Anfang war sehr schwer. Irgendwann habe ich Fatiha kennengelernt, und Rabia, und andere Frauen. Und dann sind auch die Kinder gekommen. Ich bin nicht mehr alleine. Jetzt ist es gut.

Mein Mann ist 40 Jahre alt. Er ist Elektriker. Er arbeitet seit 15 Jahren in einer großen Firma. Wir haben vier Kinder: Salifa ist neun, Malika ist acht, Zuhir ist fünf und Aischa drei. Das ist natürlich nicht immer ganz einfach.
Manchmal sparen wir. Manchmal nicht. Es geht nicht immer. Wenn die Eltern alt sind und nicht mehr arbeiten, dann müssen die Kinder für sie sorgen. Mein Mann schickt jeden Monat Geld an seine Eltern.
Und meiner Familie in Palästina geht es jetzt sehr schlecht. Niemand hat Arbeit. Es gibt keinen Strom und kein Telefon. Mein Cousin und mein Onkel sind erschossen worden. Und wir bekommen keine Post. Wir versuchen, ihnen Geld zu schicken, aber das geht nur, wenn jemand hinfährt und es direkt bringt. Das ist schwer und manchmal gefährlich.

Ich spreche jetzt gut Deutsch, aber es ist trotzdem schwer. Ich besuche einen Kurs im Mutter-Kind-Zentrum. Meine große Tochter ist jetzt in der dritten Klasse. Sie guckt immer, ob ich Hausaufgaben habe. Manchmal versuche ich, mit ihr zu lernen. Aber zu Hause habe ich viel zu tun und wenig Zeit.

Es gibt sehr nette alte Leute.
Früher wohnte eine alte Nachbarin unter mir. Einmal ist mir das Spülbekken übergelaufen, und bei ihr an der Decke, an den Wänden war alles naß. Aber sie hat gesagt: „Wissen Sie, ich mache die Heizung an. Es trocknet wieder!"
Und meine Kinder machen manchmal viel Krach. Sie hat sich nie beschwert. Nie!
Aber manche alte Leute mögen keine Kinder.
Wenn meine Kinder auf dem Spielplatz spielen, da kommt immer eine andere Frau und schimpft. Sie schimpft nur. Ich sage: „Der Spielplatz ist doch dafür da, daß die Kinder spielen!"
Und dann ärgern sich die Leute oft über das Geld, das wir verdienen. Wir arbeiten genauso hart für unser Geld wie sie! Und außerdem: das Geld bleibt doch hier! Auch das Kindergeld bleibt hier. Das reicht nicht mal für die Kinder. Wissen die Leute nicht, was ein paar Schuhe kosten?

Hier gibt es alles — Versicherung, Straßenbahn, Krankenhäuser — alles. Aber manchmal ist es ein bißchen langweilig.
Es gefällt mir gut hier. Ich bin zu Hause. Aber meine Heimat bleibt meine Heimat. Da ist meine Familie. Ich bin nicht fremd. Ich verstehe die Leute, sie verstehen mich. Hier bleibst du immer eine Fremde. Auch wenn du 30 Jahre hier bist, bleibst du eine Fremde.
Nur Gott weiß, ob ich wieder zurückgehe.

Arbeit in Nelida S. Frankfurt

Gedanken — Organisation — Gefühle — Beziehungen

Arbeitsbedingungen

Anfang 1971 kam ich mit meinem Mann und meinen beiden Kindern nach Frankfurt. Anfang 1972 fing ich an, als Fabrikarbeiterin in der Metallfabrik Adler-Werke zu arbeiten.

Ich kam in eine Abteilung mit Kollegen und Kolleginnen, die in verschiedenen Sprachen redeten — das war schrecklich! Mit den Portugiesen, Italienern, einigen Marokkanern und natürlich mit den Spaniern konnte ich mich verständigen, aber mit den Türken, den Griechen, den Jugoslawen! Deutsch half uns auch nicht, weil fast niemand die Sprache konnte.

Die Deutschen waren: die Sekretärin, der Meister, der Vorarbeiter.
So lernten wir die wichtigsten Wörter:
„Gut!" „Los!" „Arbeite schneller!"
„Kaputt, Scheiße"!
Den Rest mußten wir mit Gesten und Lachen ausfüllen.

Akkordarbeit ist sehr schwer. Wir mußten immer schneller arbeiten. Aber das Schlimmste war die Atmosphäre. Reden durften wir miteinander nicht — nicht mal pfeifen oder singen, um uns die Müdigkeit zu vertreiben.

Gewerkschaft und Betriebsrat

In Argentinien hatte ich an politischen und gewerkschaftlichen Arbeitskämpfen teilgenommen, zusammen mit meiner Familie, die Zuckerarbeiter im Norden waren.
Am ersten Tag der Arbeit in Frankfurt bin ich der IG Metall beigetreten. Aber das reicht nicht aus, daß du als Ausländer wenigstens Teile der Rechte bekommst, die sich die deutschen Arbeiter erkämpft haben. Auch selbst dafür müssen wir kämpfen.
Die erste Betriebsversammlung war für mich ein Schock. Da saß die Betriebsleitung mittendrin und erzählte uns von ihren Sorgen und Verlusten. Aber von ihren Plänen sagten sie uns nichts.

Es ist nicht nur für Ausländer schwer, offen vor ihren Vorgesetzten zu sprechen. Wie soll ein Arbeiter mit einem Ingenieur übereinstimmen?
Ich habe trotzdem eine Rede gehalten. Mein Mann hat sie übersetzt und aufgeschrieben, und ich habe sie auf Deutsch vorgelesen. Ich weiß bis heute nicht, ob die Deutschen mich verstanden haben.

Weil wir Ausländer und Ausländerinnen beim Betriebsrat und bei der Gewerkschaft keinen Erfolg mit unseren Forderungen hatten, wollten wir eine Liste mit Ausländern und Ausländerinnen in den Betriebsrat wählen.
Der Betriebsrat weigerte sich, unsere Vorschläge in seine Liste zu integrieren. Der Betriebsrat mochte uns nicht. Wir waren nicht brav genug und seiner Meinung nach kannten wir als Ausländer die Gesetze nicht und sollten sie erst lernen.
Zweimal haben wir deshalb auf der Oppositionsliste kandidiert und sind gewählt worden. Aber es war nicht einfach bei den Betriebsratssitzungen. Die anderen waren uns sehr feindlich gegenüber eingestellt.

Der Arbeitskampf

Wir Ausländerinnen haben festgestellt, daß für die gleiche Arbeit die Männer nach Lohngruppe 5, die Frauen nach Lohngruppe 2 bezahlt wurden — DM 270 weniger im Monat!

Aber der Betriebsrat und die Gewerkschaft weigerten sich, etwas dagegen zu unternehmen. Sie sagten, dann würden die Männer weniger verdienen!
1979 reichten sieben nicht-organisierte Frauen Klage ein. Unterstützung haben wir von den ausländischen Kollegen und vom Amt für Industrie und Sozialarbeit der evangelischen Kirche bekommen. Sie haben uns Flugblätter gedruckt und Räume gegeben.
Erst 1980 hat die Gewerkschaft nachgezogen. Es war ihnen zu peinlich.
Vom Betriebsrat haben wir gar keine Unterstützung erhalten. Im Gegenteil, er hat der Firmenleitung dabei geholfen, einige Frauen einzuschüchtern, daß sie ihre Klagen zurückzogen!

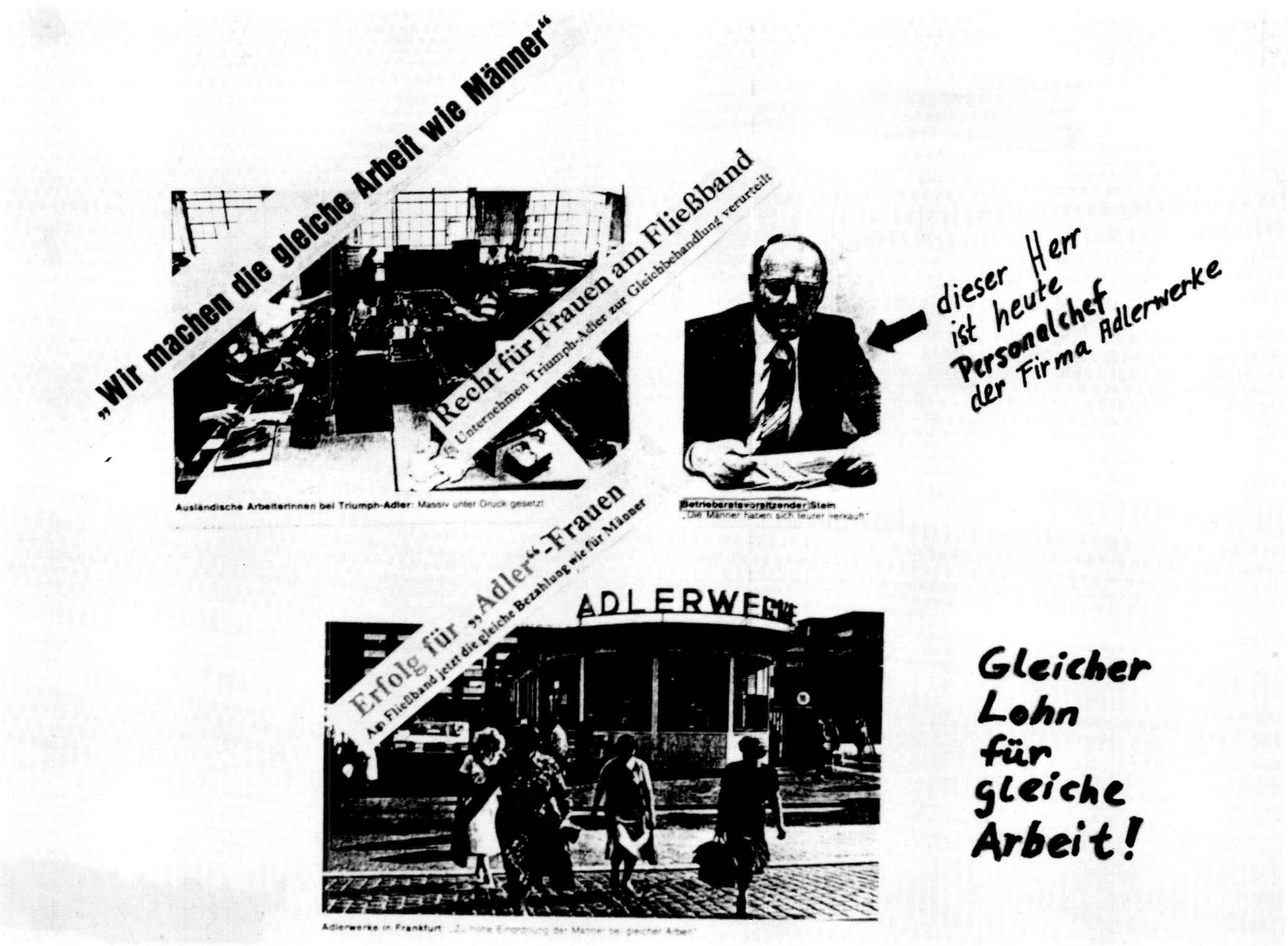

Der Arbeitskampf

1982 haben wir den Prozeß gewonnen. Adler mußte die Differenz zwischen den beiden Lohngruppen rückwirkend auszahlen. Unser größeres Ziel — die Abschaffung der Lohngruppe 2 — erreichten wir leider nicht. Nur die Frauen, die geklagt hatten, gewannen. Die Berichte darüber waren überall in der Presse und im Fernsehen. Aber in der Fabrik sagte man keinen Ton.

Während des Prozesses und danach versuchte die Firmenleitung, mich unter Druck zu setzen, indem sie mich immer an verschiedene Arbeitsplätze schickte: die schlimmsten, schwersten, dreckigsten. Außerdem haben sie mir Tausende von Mark angeboten, damit ich kündige.

Die Zukunft

Anfang der achtziger Jahre wurde die Fabrik umorganisiert. Danach kam die Rationalisierung, und Tausende wurden entlassen, unter ihnen meine Kampfgenossinnen und -genossen. Ein Drittel des Personals mußte gehen. 1983 wurde ich wegen Brustkrebs operiert, danach war ich ein Jahr krankgeschrieben. Ich fühlte, daß ich physisch nicht mehr dieselbe war, das hat auch dazu beigetragen, daß ich mich dazu entschloß, mein Leben zu verändern. Die Fabrik hatte sich auch sehr verändert — weniger Leute, mehr Roboter. Der Ex-Betriebsratsvorsitzende ist heute Personalchef! Es gab dann noch fast ein Jahr Kurzarbeit, wo ich auch wenig Geld verdiente.
In April 1988 habe ich meine Arbeit in der Fabrik gekündigt. Ich habe viel gelernt in den mehr als 15 Jahren Arbeit in der Fabrik. Ich habe viel gelernt in diesem reichen Deutschland. Inzwischen habe ich mich auch von meinem Mann getrennt und lebe jetzt mit jungen Leuten zusammen. Ich möchte jetzt etwas ganz anderes machen. Ich habe immer nur gearbeitet. Ich möchte jetzt die Akademie besuchen und richtig Deutsch lernen. Dazu habe ich nie Zeit gehabt. Aber die Sprache ist auch eine Waffe. Ob ich später studiere — ich weiß nicht. Mein Leben hat neu angefangen.

Nelida S.

„Ich hatte mal Marjam S. 'ne Heimat"

Marjam S.

Seit dem
Waffenstillstand
zwischen Jrak und dem
Jran im Sommer 1988
sind Tausende von
politischen Gefangenen,
Männer und Frauen,
hingerichtet worden.
Marjam S.:
"Darunter sind
– mein Schwager,
– mein Onkel,
– zwei Cousins
– und vieler meiner Freunde
gewesen."

Über die Lage der Frauen im Teheraner Evin-Gefängnis

Seit dem Juli 1988, insbesondere nach dem Waffenstillstandsabkommen am Golf (20.08.1988), wurden über tausend politische Gefangene in den iranischen Gefängnissen ermordet und in Massengräbern verscharrt. Seitdem sind inhaftierte Frauen, die von dieser Hinrichtungswelle größtenteils verschont geblieben sind, in Lebensgefahr, auch ihnen droht die Hinrichtung. Obwohl diese Frauen seit vielen Jahren im Gefängnis sitzen, bereits zu Freiheitsstrafen verurteilt worden waren und glaubten, diese Prozedur hinter sich zu haben, werden sie nun gezwungen, öffentliche Reuebekenntnisse abzulegen, in denen sie ihre früheren politischen Aktivitäten als „Schandtaten" bezeichnen und ihren Gesinnungswandel in Form von Gebeten öffentlich vor allen Gefangenen im Amphitheater (Hossenieh) vortragen müssen. Hinzu kommt, daß sie die laufenden Hinrichtungen als gerechtfertigt bezeichnen müssen, obwohl die überwiegende Anzahl der Hingerichteten Ehemänner, Brüder, Verwandte oder Parteifreunde dieser Frauen waren.

Von der Amnestie am 11. Februar 1989 aus Anlaß der Feierlichkeiten zum 10. Jahrestag der islamischen Republik sind diese Frauen ausgeschlossen. Laut Gefängnisbehörden wird eine Freilassung dann erfolgen, wenn die Frauen die erwünschten Bekenntnisse ablegen. Nach Berichten der Angehörigen werden die Frauen zur Erzwingung dieser Bekenntnisse erheblichem körperlichen und seelischen Druck ausgesetzt. Auch die Zusage einzelner Gefangener, nicht mehr politisch aktiv zu sein, reicht nicht aus; verlangt wird ein demütigendes Bekenntnis zu dem Staat, der sie jahrelang eingesperrt und gefoltert und ihre politischen Freunde umgebracht hat.

Im April 1990 wurde eine dieser Frauen in Isolationshaft gebracht und später hingerichtet. Das Schicksal der anderen Frauen ist ungewiß.

15 Jahre im Exil

Gedanken — Organisation — Gefühle — Beziehungen

Ich fühle mich nicht sicher, weil es soviel Rassismus gibt.

Angela, 34 Jahre

Ich fühle Deutschland nicht als mein zu Hause, aber doch als einen Ort der Ruhe.

Eli, 28 Jahre

In den letzten paar Jahren gehen viele, viele zurück nach Chile. Das ist ein schwerer Schritt nach so vielen Jahren. Du hast hier ein neues Leben aufgebaut, deine Kinder sind hier aufgewachsen, vielleicht sogar hier geboren, du reißt deine Wurzeln wieder raus und mußt neu anfangen. In der Zwischenzeit ist aber die chilenische Wirtschaft ruiniert, die Generäle haben alles verkauft. Wir hoffen natürlich auf Demokratie, aber wie eine Demokratie funktionieren soll, wenn die Wirtschaft längst den ausländischen Kapitalisten — der Bundesrepublik und Europa, Japan und den USA — gehört, wenn es für uns in unserem eigenen Land keine Arbeit gibt, das weiß ich nicht.

Maria G.

Ich bin vor einem Jahr wieder nach Chile zurückgefahren. Vieles hat sich geändert, aber ich mußte auch feststellen, daß ich mich auch verändert habe. Hier, zum Beispiel, redet man immer darüber, wie man sich fühlt. In Deutschland sind deine Gefühle ganz wichtig. Die Leute in Chile wollen nicht einmal wissen, wie sie sich selber fühlen, erst recht nicht irgendwas über die Gefühle der anderen!

Und dort werde ich „die Deutsche" genannt! Jetzt bin ich erst einmal wieder hier, aber ich werde im nächsten Monat noch einen Versuch machen.

Carmen, 36 Jahre

Autonome Iranische Frauenbewegung
IRAN HEUTE
FRAUEN ≙ 0

Flucht und Migration – einige Zahlen

Etwa 1,4 Millionen Frauen in der Bundesrepublik Deutschland haben keinen deutschen Paß. Sie kommen aus allen Teilen der Welt — in Frankfurt am Main, z.B., leben Frauen aus 195 Ländern.

Der größte Teil dieser Frauen sind Migrantinnen im Alter zwischen 25 und 40 Jahren. Dreiviertel von ihnen sind ihren Ehemännern oder Eltern nachgefolgt oder sind hier aufgewachsen; nur etwa ein Viertel sind mit einer eigenen, eigenständigen Aufenthaltserlaubnis eingereist.
Fast die Hälfte kommt aus der Türkei (ca. 600.000). Die zweitgrößte Gruppe sind Jugoslawinnen (ca. 270.000).

Seit 1973, das Jahr, in dem die Bundesrepublik ihre Grenzen für ArbeitsmigrantInnen schloß, haben sich die Beschäftigungsmuster der Migrantinnen verschoben. Während vor dieser Zeit ein Drittel aller Frauen, die sozialversichert arbeiteten, zwischen 15 und 24 Jahre alt waren, waren zehn Jahre später nur noch ein Fünftel in dieser Altersgruppe. In diesen zehn Jahren hat sich die Gesamtzahl aller erwerbstätigen Frauen um 14% erhöht; die Zahl der erwerbstätigen Migrantinnen sich jedoch um 13,7% verringert.

Dreiviertel der sozialversicherten, erwerbstätigen Migrantinnen arbeitet in der Industrie (49,4%) oder im Dienstleistungsgewerbe (30,6%). Obwohl sie 1981 nur 8,6% aller sozialversicherten Arbeitsplätze innehatten, stellten sie ein Fünftel bis zu einem Drittel der Produzierenden in den Chemie-, Plastik-, Metall-, Elektronik-, Textil- und Fischverarbeitungsindustrien. Sie stellen die weltberühmten Made-in-West-Germany Exportprodukte her.

Im Dienstleistungsgewerbe arbeiten sie vor allem in Gaststätten und Hotels (13%) sowie in den verschiedenen Reinigungsdiensten (12,3%) und im Gesundheitssektor (4,9%).
Diese Arbeitsplätze sind unter anderem mit einem hohen Anteil an Schicht- und Akkordarbeit gekennzeichnet.

Der Anteil der Frauen an diesen 1,4 Millionen, die aus ihren Heimatländern flüchteten und den Weg in die Bundesrepublik fanden, ist nicht sehr hoch — insgesamt nur etwa 39.000 Frauen. Im Vergleich zu den MigrantInnen ist der Anteil der Frauen an der Exilbevölkerung in der Bundesrepublik gering. 43% der ausländischen Bevölkerung sind Frauen und Mädchen; aber nur etwa 35% aller Flüchtlinge.

Sie haben weite Wege hinter sich.
Die Frauen, die zu den größten Flüchtlingsgruppen gehören, sind aus Vietnam (ca. 12.500), Laos und Kampuchea (jeweils ca. 500); Sri Lanka (etwa 5.000 Tamilinnen); Äthiopien und Eritrea (ca. 4.500), dem Libanon und Palästina (jeweils ca. 2.000); Afghanistan (ca. 4.800); dem Iran (ca. 5.000) und Chile (ca. 2.000).
Mit Ausnahme der Chileninnen, die seit dem Putsch des Militärs 1973 in der Bundesrepublik wohnen, sind die Flüchtlingsfrauen im Durchschnitt jünger als die Migrantinnen — die meisten gehören der Altersgruppe der 21 bis 35jährigen an.

Die meisten Frauen und Mädchen wohnen in nur fünf der elf Bundesländer: Nordrhein-Westfalen (ca. 12.400), Hessen (ca. 4.800), Baden-Württemberg (ca. 3.900), Niedersachsen (ca. 1.900) und Berlin (ca. 840).

Die meisten von ihnen haben keine richtige Arbeit. 1985 waren gerade 3.222 Frauen aus den sechs größten Flüchtlingsgruppen sozialversichert beschäftigt, d.h. weit weniger als 10%.

Quellen:

S.42: Refugees. Zeitschrift der UNHCR (Hg.), 6/88

Germershausen, A./ Narr, W.-D.: Flucht und Asyl. Komitee für Grundrechte und Demokratie/ medico international, Berlin 1988.

Lissner, Anneliese: „Ökumenische Verantwortung ohne Schranken". In: epd Dokumentation 8/89.

S. 44: „Flüchtlingslied" von Katayun, aus: „Wege – Heimat – Blumen", hg. v. Literaturkreis der Frauenbegegnungsstätte VHS Offenbach 1987.

S. 47: Migrantinnen: Funke, Lieselotte: „Neufassung des Ausländerrechts — was haben Frauen zu erwarten?" In: epd Dokumentation 8/89.

Flüchtlingsfrauen: Lissner, A., a.a.O.

IAF, aus Broschüre: „Weder weltoffen noch liberal", Evangelische Frauenarbeit in Deutschland e.V. und IAF lehnen Entwurf für ein Gesetz zur Neuregelung des Ausländerrechts ab.

S. 48/49: Texte: Frauen in Deutsch II, Mutter-Kind-Beratungszentrum e.V., Interkultureller Treffpunkt für Frauen und Mädchen, Frankfurt/Bornheim.

S. 50/51: Texte: Nelida Schulz.

S. 54: Texte: Chilenische Frauengruppe im Exil, Frankfurt.

S. 56: Migrantinnen: Wilpert, Czarina: Migrant women and their daughters: two generations of Turkish women in the Federal Republic of Germany. In: Stahl, C. (Hg): International Migration Today, Bd. 2, UNESCO Paris und Centre for Migration and Development Studies, Nedlands, Australia, S. 168-186.

Flüchtlingsfrauen: Jockenhövel-Schiecke, Helga: Verfolgung, Flucht und das Leben in einem fremden Land: Frauen als Flüchtlinge in der Bundesrepublik. In: Flüchtlingsfrauen in der Bundesrepublik Deutschland, hg. v. Internationaler Sozialdienst, Deutscher Zweig e.V., Frankfurt 1986, S. 10 - 28. (Die Zahlen über Flüchtlingsfrauen sind geschätzt. Es gibt keine offiziellen Statistiken über die Anzahl der Frauen und Kinder unter den Flüchtlingen.)

Denjenigen, die sich über das Thema „Flucht und Migration" in der Bundesrepublik Deutschland tiefergehend informieren möchten, schlagen wir vor, ihre Nachbarinnen zum Kaffeetrinken einzuladen. Vieles kann man oder frau aus Büchern lernen, aber nicht alles.

Zusammenstellung dieses Beitrags:

Priscilla Harris Brosig, Rosie Gerth von Knebel, Parisa Pasta

FR. 10.5.90

Nein zum AusländerInnengesetz

Nein zum rassistischen Nationalwahn
und zu frauenverachtenden Gesetzen

Das neue AusländerInnengesetz muß weg

Autonome Frauenhäuser fordern:

- Selbstbestimmungsrecht für Frauen Jeder Nation
- Jede Frau muß die Möglichkeit haben, sich aus Gewalt- und Mißhandlungssituationen zu befreien
- Abschaffung von Gesetzen, die Frauen in Abhängigkeit von Männern halten
- Anerkennung der sexuellen Verfolgung als Asylgrund
- Weg mit dem Zwang zur Denunziation von AusländerInnen / Abschaffung des AusländerInnen-Zentralregisters

Frauen, organisiert euch gegen die AusländerInnen-Gesetze überall!

Unterstützt wird diese Anzeige von 60 autonomen Frauenhäusern/Frauenhausinitiativen und Beratungsstellen in folgenden Städten und Kreisen: Bad Hersfeld, Bad Kreuznach, Balingen, Bensheim, Berlin (1. und 2. Haus), Braunschweig, Bremen, Celle, Coburg, Darmstadt-Dieburg, Erbach, Erlangen, Esslingen, Flensburg, Frankfurt, Friedberg, Gießen, Göttingen, Groß-Gerau, Hamburg (1., 2., 3. und 4. Haus), Hanau, Hannover, Heidelberg, Hildesheim, Hofheim, Husum, Itzehoe, Karlsruhe, Kassel, Kempten, Koblenz, Köln, Limburg, Lübeck, Mannheim, Marburg, Neumünster, Oberursel, Offenburg, Oldenburg, Osnabrück, Peine, Pinneberg, Preetz, Raunheim, Regensburg, Rendsburg, Reutlingen, Salzgitter, Schwalm-Eder, Schweinfurt, Stuttgart, Telgte, Wetzlar, Wiesbaden, Wolfsburg.

SPRACHE

Die herrschende Sprache ...

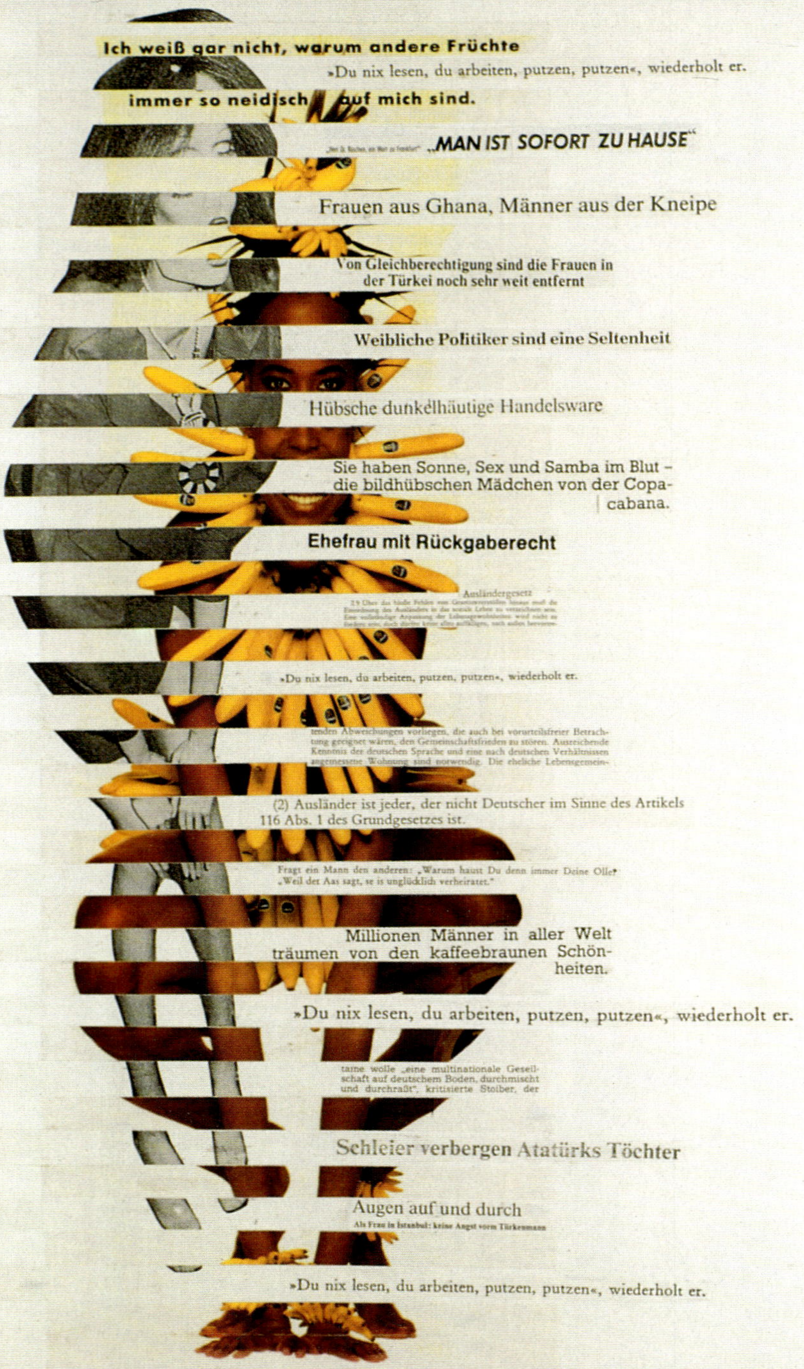

... ist die Sprache der Herrschenden

Im Babylonischen Turm

Es ist schwer,
aufrecht zu stehen,
während du dich am Boden fühlst;
gerade stehen zu müssen,
während dein Kopf nach unten neigt.
Was du fühlst, will heraus,
doch die Kälte
der Fremdheit, die dich umgibt,
vereist deine Gefühle.
Man baut einen babylonischen Turm
um dich herum:
du hörst Stimmen —
du verstehst sie nicht,
die anderen verstehen dich nicht.
Du willst schreien,
diese Wände
mit deinem hilflosen Geschrei
zertrümmern,
doch du schaffst es nicht,
kein Laut kommt hervor.
Und du mußt überleben —
alleine?

Micaela Martini
(Italien/BRD)

Zersplittert

A España gehe ich
a buscar das Große Glück
de zuhause sein, estar en casa,
aber la familia bleibt aquí.

Hörst Du nicht,
no escuchas, amigo,
wie alles schwieriger wird?
Las difficultades,
es macht mich krank,
no tengo ganas, la Lust de vivir
ist mir vergangen.
Por eso gehe ich zurück.
Pero no weiß nicht,
ob yo me quedo allá
vielleicht komme ich de vuelta
a Deutschland zurück,
porque está aquí,
donde ich Jahre gelebt habe.
son zuviele años.

Andrea Meissner
(Chile/BRD)

Sprachlos

Wenn du die Zeit
verschwinden läßt
und du hast dafür kein Wort

Wenn deine Augen schweigen
deine Lippen weinen
deine Hände traurig sind

Laß die Bewegung der Tage
wie Wellen hinaufrollen

Laß deine Gedanken
nicht verstummen
oder deine Finger

Schreie aus der Seele heraus
den anderen Alltag
oder deine andere Sprache

Laß dich nicht sprachlos fangen

Claudina Marques Coelho
(Angola/BRD)

Diese Zitate sind einer Dokumentation des Psychosozialen Zentrums für Flüchtlinge in Frankfurt entnommen, die die Schwierigkeiten und Motive beim Erlernen der deutschen Sprache von Exilierten aufzeigt.

Deutsche

„Ich habe Angst, auf die Straße zu gehen. Denn ich weiß nicht, wie ich mich durchfragen muß, falls ich mich verlaufe. Und wenn ich frage, verstehe ich die Antworten sicher nicht. Deswegen gehe ich nie weg. Ich bleibe zuhause, manchmal vergehen Monate, ohne daß ich mich — außer für das Notwendigste — von zuhause wegbewege."

„Ich glaube, vor allem hätten wir die Worte ‚Anmeldung' und ‚Antrag' lernen müssen."

„Ich möchte Deutsch lernen, um denen mal richtig die Meinung zu sagen."

„Ich hatte mich so über meinen Chef geärgert, daß ich unfähig war, ihm das mitzuteilen. Ich hatte plötzlich mein ganzes Deutsch vergessen. Zornig ging ich hinaus, sagte nur ‚einen Moment!'. Dann setzte ich mich an meinen Schreibtisch und begann, mir die Sätze zurechtzulegen. Als ich wußte, was ich sagen wollte, ging ich wieder hinein."

Einzelne Stufen des Lernprozesses:

1. Erste Notwendigkeiten
2. Entdecken des sozialen und kulturellen Umfeldes/Gedanken zum Ausdruck bringen
3. Diskussion
4. Gefühle und Emotionen zum Ausdruck bringen
5. Kommunikation

… schwere

Dort sind die Probleme thematisch gegliedert in:

— Die Ausreise
— Die Ankunft
— Motivation
— Einzelne Stufen des Lernprozesses

Sprache …

„Ich möchte sie kennenlernen und möchte auch, daß sie mich kennenlernen."

„Ich wollte sagen können, wer ich bin, woher ich komme, welchen Beruf ich hatte, usw. Nur so konnte ich mich wieder selbst fühlen."

„Mein erster Freund in Deutschland war ein Türke. Von ihm lernte ich fast alles, was ich über die Deutschen und von ihrer Sprache weiß. Ich bin ihm sehr dankbar."

„Die Sprache gefiel mir von Anfang an nicht, sie klang hart, kalt, so als ob sie ständig schimpfen."

„Ich ging sofort in einen Deutschkurs, versagte aber. Ich konnte dem Kurs einfach nicht folgen, ich war nicht fähig, mich zu konzentrieren. So lernte ich überhaupt nichts."

„Als ich in Deutschland ankam, konnte ich weder ein Wort Deutsch, noch ein Wort einer anderen Fremdsprache. So irrte ich mit meinen Kindern über eine Stunde auf dem Flughafen herum, ohne die Aufschrift ‚Ausgang' zu finden."

Die Problemfelder erläutern die unterschiedlichen Grade der Notwendigkeiten und Möglichkeiten, sich in bestimmten Situationen in der deutschen Sprache auszudrücken.

Sprache?

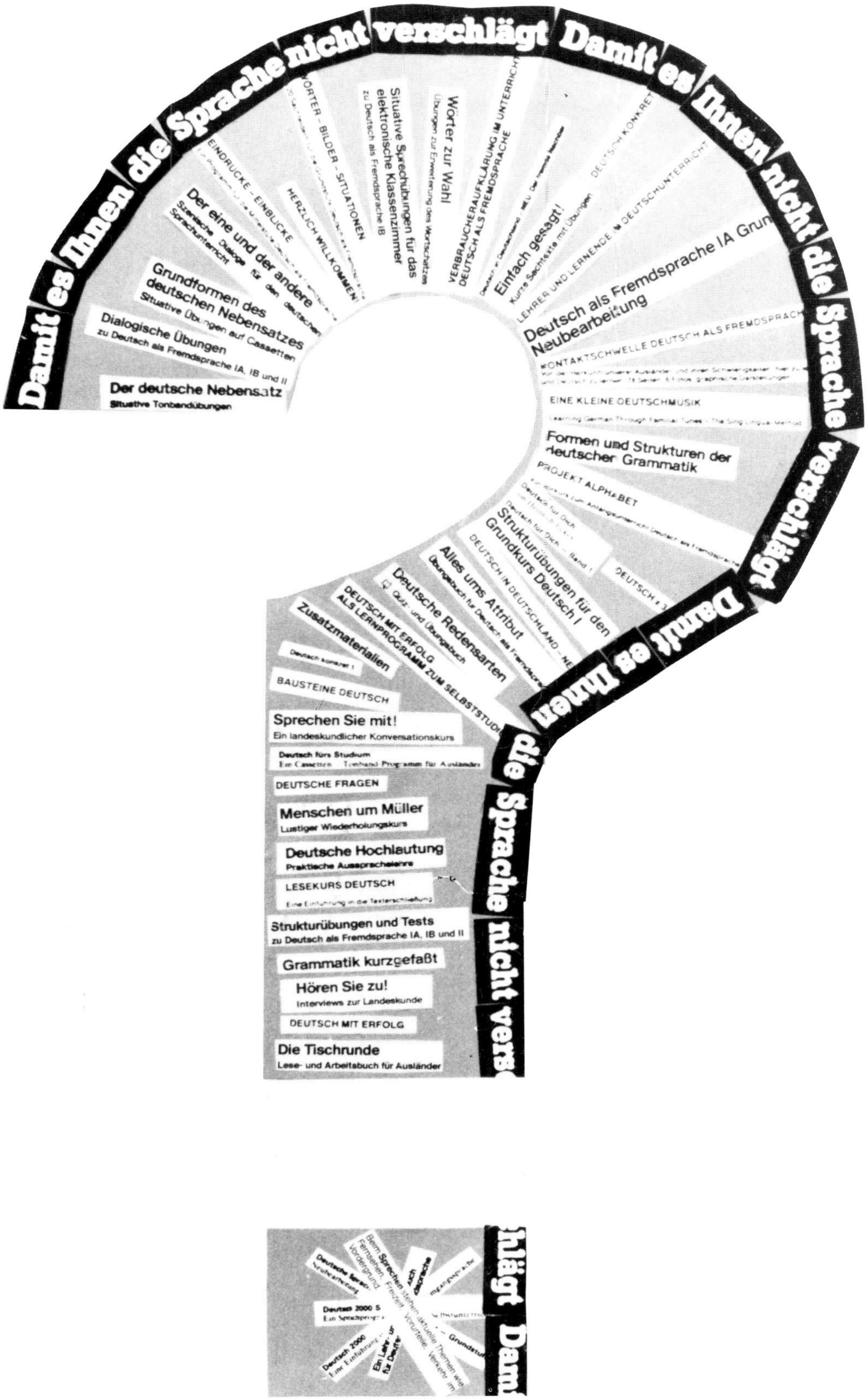

Damit es Ihnen die Sprache nicht verschlägt Damit es Ihnen nicht die Sprache verschlägt Damit es Ihnen die Sprache nicht verschlägt Damit
Der deutsche Nebensatz
Situative Tonbandübungen
Dialogische Übungen
zu Deutsch als Fremdsprache IA, IB und II
Grundformen des deutschen Nebensatzes
Situative Übungen auf Cassetten
Der eine und der andere
Sprachunterricht
EINDRÜCKE – EINBLICKE
HERZLICH WILLKOMMEN
WÖRTER – BILDER – SITUATIONEN
Situative Sprechübungen für das elektronische Klassenzimmer
zu Deutsch als Fremdsprache IB
Wörter zur Wahl
Übungen zur Erweiterung des Wortschatzes
VERBRAUCHERAUFKLÄRUNG IM UNTERRICHT
DEUTSCH ALS FREMDSPRACHE
Einfach gesagt!
Kurze Sachtexte mit Übungen
DEUTSCH KONKRET
LEHRER UND LERNENDE IM DEUTSCHUNTERRICHT
Deutsch als Fremdsprache IA Grun
Deutsch als Fremdsprache Neubearbeitung
KONTAKTSCHWELLE DEUTSCH ALS FREMDSPRACHE
EINE KLEINE DEUTSCHMUSIK
Learning German Through Familiar Tunes – The Sing Lingual Method
Formen und Strukturen der deutschen Grammatik
PROJEKT ALPHABET
Deutsch für Dich
Strukturübungen für den Grundkurs Deutsch I
DEUTSCH IN DEUTSCHLAND
Alles ums Attribut
Übungsbuch für Deutsch als Fremdsprache
Deutsche Redensarten
Quiz- und Übungsbuch
DEUTSCH MIT ERFOLG
ALS LERNPROGRAMM ZUM SELBSTSTUDIUM
Zusatzmaterialien
Deutsch konkret 1
BAUSTEINE DEUTSCH
Sprechen Sie mit!
Ein landeskundlicher Konversationskurs
Deutsch fürs Studium
Ein Cassetten – Tonband-Programm für Ausländer
DEUTSCHE FRAGEN
Menschen um Müller
Lustiger Wiederholungskurs
Deutsche Hochlautung
Praktische Aussprachelehre
LESEKURS DEUTSCH
Eine Einführung in die Texterschließung
Strukturübungen und Tests
zu Deutsch als Fremdsprache IA, IB und II
Grammatik kurzgefaßt
Hören Sie zu!
Interviews zur Landeskunde
DEUTSCH MIT ERFOLG
Die Tischrunde
Lese- und Arbeitsbuch für Ausländer
Deutsch 2000
Beim Sprechen

Frauen nehmen sich das Wort

... in Alphabetisierungskursen, Versammlungen, Sprachkursen, Zeitungen, Büchern

Eine Frau erzählt

Letzte Woche ist mein mann böse
geworden.

Ich habe gekocht. Ich habe wenig auf den
Teller gelegt. Mein Mann hat gegessen.
Er war nicht satt. Und dann sagt er.
Hol mir noch was zu essen.
Ich habe nein gesagt, hol dir selbst.
Dann ist er ganz böse geworden. Er sagt:
Ich bin sau. Ach, wenn ich das gewußt hätte,
Ich hätte dich nie geheiratet.
Er ist sauer. Sein Kopf will nicht essen, aber
sein Magen will essen. Dann nimmt er
einen Teller, holt selbst das Essen und
setzt sich ganz ruhig zum essen.
Dann hat er drei Tage mit mir nict
gesprochen.

Frau Krauss

Frau K., 40 Jahre alt, kommt aus Senegal, wo sie nur ein paar Tage in die Schule gegangen ist. Jetzt lebt sie seit neun Jahren in Frankfurt und ist mit einem Deutschen verheiratet.

Frau F., 52 Jahre alt, kommt aus der Türkei. Sie lebt seit 15 Jahren in Frankfurt und ist Hausfrau.

in der Türkei habe ich haus
arbeiten gemacht ich habe
wäsche gewaschen essen
gekocht Geschir geschpült
yetz in Deutschland hat sich
Nicht viel gerendet hier
mach ich das gleiche
Wäche gewaschen Essen
kochen spülen Und den rest
meinen freizeites mache ich
meine hand arbeiten.

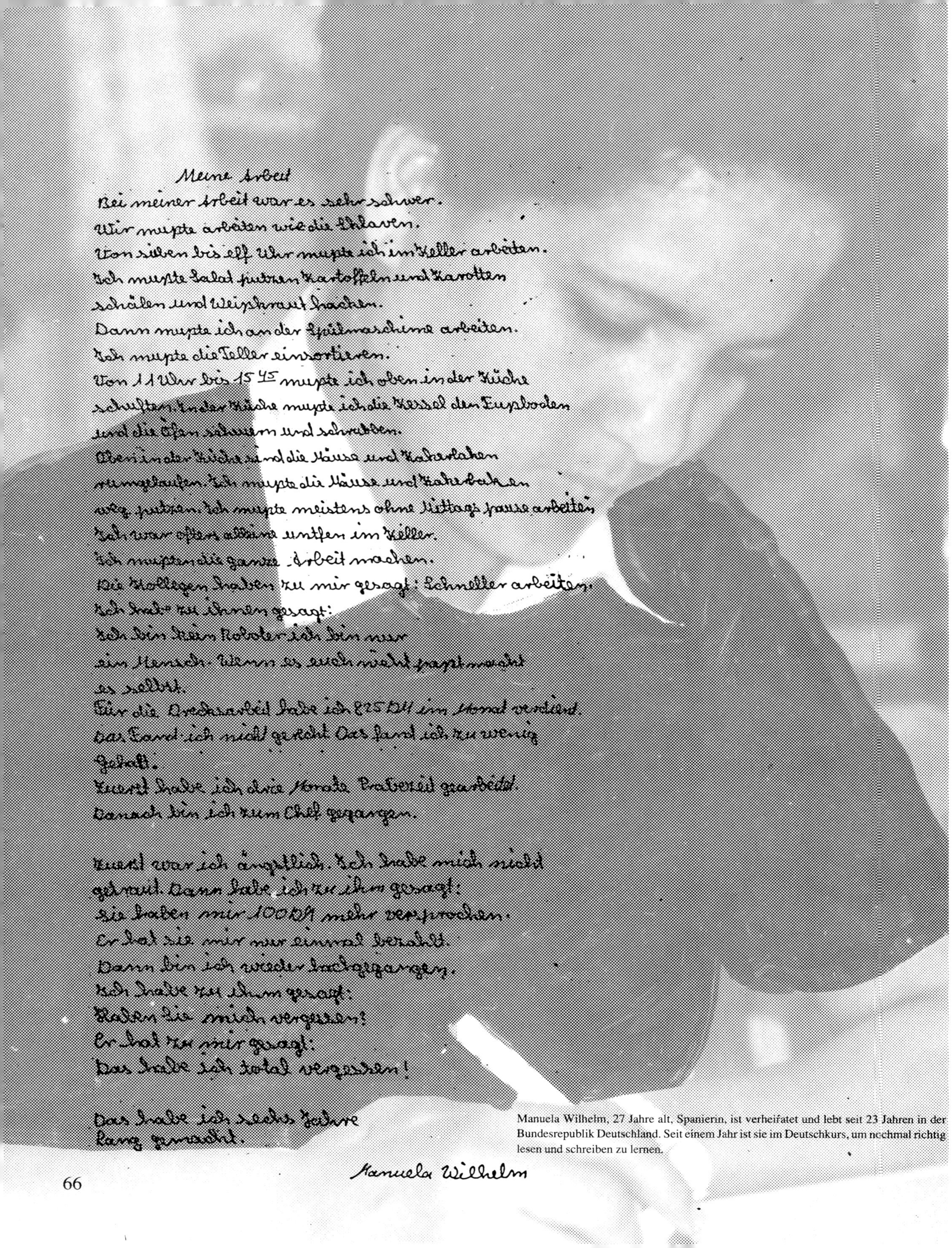

Meine Arbeit

Bei meiner Arbeit war es sehr schwer.
Wir mußte arbeiten wie die Sklaven.
Von sieben bis elf Uhr mußte ich im Keller arbeiten.
Ich mußte Salat putzen Kartoffeln und Karotten
schälen und Weißkraut hacken.
Dann mußte ich an der Spülmaschine arbeiten.
Ich mußte die Teller einsortieren.
Von 11 Uhr bis 15 45 mußte ich oben in der Küche
schuften. In der Küche mußte ich die Kessel den Fußboden
und die Öfen säubern und schrubben.
Oben in der Küche sind die Mäuse und Kakerlaken
rumgelaufen. Ich mußte die Mäuse und Kakerkaken
weg putzen. Ich mußte meistens ohne Mittags pause arbeiten.
Ich war often alleine unten im Keller.
Ich mußte die ganze Arbeit machen.
Die Kollegen haben zu mir gesagt: Schneller arbeiten.
Ich hab zu ihnen gesagt:
Ich bin kein Roboter ich bin nur
ein Mensch. Wenn es euch nicht paßt macht
es selbst.
Für die Dreckarbeit habe ich 825 DM im Monat verdient.
Das fand ich nicht gerecht. Das fand ich zu wenig
Gehalt.
Zuerst habe ich drei Monate Probezeit gearbeitet.
Danach bin ich zum Chef gegangen.

Zuerst war ich ängstlich. Ich habe mich nicht
getraut. Dann habe ich zu ihm gesagt:
Sie haben mir 100 DM mehr versprochen.
Er hat sie mir nur einmal bezahlt.
Dann bin ich wieder hingegangen.
Ich habe zu ihm gesagt:
Haben Sie mich vergessen?
Er hat zu mir gesagt:
Das habe ich total vergessen!

Das habe ich sechs Jahre
lang gemacht.

Manuela Wilhelm

Manuela Wilhelm, 27 Jahre alt, Spanierin, ist verheifatet und lebt seit 23 Jahren in der Bundesrepublik Deutschland. Seit einem Jahr ist sie im Deutschkurs, um nochmal richtig lesen und schreiben zu lernen.

Sprachförderung für Frauen

Die öffentliche Sprachförderung von EinwanderInnen und Flüchtlingen in der Bundesrepublik ist streng nach deren Status getrennt:

- AussiedlerInnen aus Osteuropa erhalten kurz nach ihrer Ankunft einen achtmonatigen ganztägigen Sprachkurs, der über das Arbeitsamt finanziert wird.

- Asylsuchende erhalten erst nach ihrer Anerkennung als Asylberechtigte, was zwei bis drei Jahre dauern kann, einen mehrmonatigen Sprachkurs über das Arbeitsamt.

- Arbeitsmigranten und -migrantinnen aus den ehemaligen Anwerbeländern (Griechenland, Italien, Jugoslawien, Korea, Marokko, Portugal, Spanien, Tunesien, Türkei) sowie EG-Angehörige können verschiedene Kurse kommunaler, kirchlicher oder privater Träger besuchen, die vom „Sprachverband Deutsch für ausländische Arbeitnehmer e.V." bezuschußt werden. 1 DM pro TeilnehmerIn und Stunde wird an Eigenbeitrag erwartet. Geldgeber des Sprachverbandes ist das Arbeitsministerium.

Für alle anderen Menschen mit ausländischem Paß ist eine öffentliche Förderung ihrer Deutschkenntnisse nicht vorgesehen. So werden die Fremden zur stufenweisen Sprachlosigkeit verdammt.

Und die Frauen?

Seit 1983, also acht Jahre nach seiner Gründung, fördert der Sprachverband gezielt Kurse für Frauen, bei denen Kinderbetreuung angeboten wird. Seit 1986 werden auch Alphabetisierungskurse gefördert, die hauptsächlich von Frauen besucht werden.

Entsprechend ist der Anteil von Frauen an Sprachkursen des Sprachverbandes von 1982 bis 1987 sehr gestiegen, von 32,4% auf 62,3%.

Einhergehend mit den Frauenkursen wurden Unterrichtsmaterialien speziell für Frauen entwickelt als Reaktion auf die Lehrbücher die überwiegend an der „Männerwelt" orientiert sind.

Doch wie sinnvoll ist diese Sprachförderung in der Praxis? Frau fragt sich manchmal, warum z.B. die auf Frauen zugeschnittenen Themen im Unterrichtsmaterial immer nur „Verbraucherfragen", „Fragen der Kindererziehung", „Ernährung und Gesundheit" etc. sein müssen.

Und es stellen sich noch andere Fragen bei diesen Förderrichtlinien aus der Sicht der Träger und KursleiterInnen, die die Kurse in der Praxis durchführen (z.B. VHS, AWO, Initiativgruppen, Stadtteilzentren für Frauen, etc.):

- Was tun, wenn eine türkische und ghanaische Frau in denselben, vom Sprachverband geförderten Kurs wollen, weil sie Nachbarinnen sind? Laut Förderrichtlinie von der türkischen Frau 50 DM und von der ghanaischen 100 DM verlangen?

- Was tun, wenn als Förderbedingung zwölf Teilnehmerinnen aus Anwerbeländern verlangt werden, es aber nur zehn sind und die anderen aus Algerien, Senegal oder Afghanistan kommen? Kurzerhand aus der Algerierin eine Marokkanerin machen?

- Die meisten Frauen, die in die Sprachkurse kommen, sind schon mindestens 10, manche sogar 20 Jahre in der Bundesrepublik. Jetzt werden sie gefördert. Was tun, um 15 Jahre „Pidgin-Deutsch" und sprachliche Isolation zu überwinden?

- Der Schritt in den Sprachkurs ist für viele Frauen nach Jahren der Migration ein riesiger, der die Auseinandersetzung und das Akzeptieren des Migrantendaseins zum Hintergrund hat. Oft gehen ihm längere Konflikte in der Familie voraus und große Erwartungen und Energien hinterher. Was tun, um diese Erwartungen und Energien mit zwei mal drei Stunden innerhalb von drei Monaten zu befriedigen, die Frauen zu „integrieren"?

Was wir wollen:

Sprachförderung für alle, die hier leben und Deutsch lernen wollen!

Sprachunterricht während der Arbeitszeit!

Sprache und Leben gehören zusammen, wir brauchen langfristige, stadtteilorientierte Kurse, die nach den Interessen der Frauen organisiert sind!

Sprachförderung in Migrantensprachen auch von Deutschen!

Für eine vielsprachige Wirklichkeit!

Sprache als Brücke

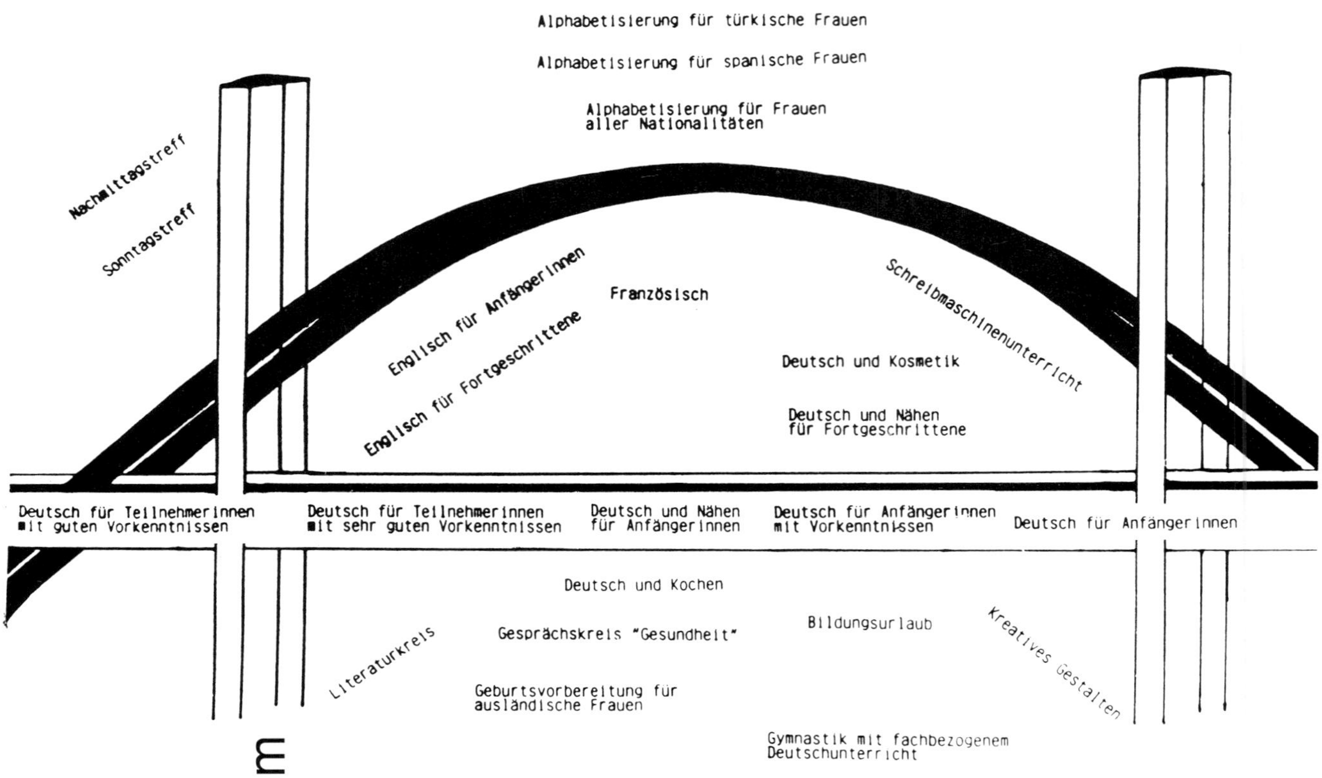

zum Abbau von Vorurteilen

als Ausdruck von Gefühlen

als Suche nach der eigenen Identität

als Wahrnehmung

als Wegweiser

Klischees und Vorurteile

Was denkt Frau Müller über türkische Frauen?

Türkische Frauen
müssen Kopftücher tragen,
müssen gehorchen,
und
und.

Was denken ausländische Frauen über deutsche Frauen?

Deutsche Frauen
können nicht nur bei einem Mann bleiben,
können nicht liebevoll sein,
können nicht stillen,
können nicht mit Kindern spielen,
sind hart,
sind ernst,
sind egoistisch,
sind schmutzig.

Was denken ausländische Frauen über ausländische Frauen?

Türkische Frauen tragen immer Kopftücher und essen viel Knoblauch.
Russische Frauen sind immer dick.
Polnische Frauen sind immer blond und haben blaue Augen.
Asiatische Frauen sind immer höflich und sind wie Kinder.
Französische Frauen sind immer elegant.
Jugoslawische Frauen sind gefährlich für die Männer.
Marokkanische Frauen trinken zu süßen Pfefferminztee und dürfen nicht einkaufen gehen.
Spanische Frauen sind immer laut und besitzergreifend.
Persische Frauen wollen nur lernen, lernen.
Indische Frauen sind zu dünn angezogen und haben lange Haare.

(Aus einem Kurs der Frauenbegegnungsstätte Offenbach)

Frauen haben ihre

(...)
A vida
é como um fio de contas
que corremos por entre os dedos
esfregando esfregando
com medo de romper
o fio
as contas
os dedos .
(...)
acaso entendes
por que quero
fixar-me em teu solo
sorver tuas sementes
que um novo mar aduba?
(...)
Ressuscita meu olhar marujo
onde dormem pesadelos
e conta-me a história desta
insula
por mais remota que sejam
a história e a ínsula.
(...)
Fala também de coisas ardentes
suscitadas e pressupostas
ah, meu verso inútil
ah, meu grande amor presente.
(...)
As vezes
quando vou ao teu encontro
resplandeces.
E pareces uma árvore
coberta de rouxinoís
(daquelas com que sonham os poetas).
Nesse momento
a loucura em mim
se aquieta
e te amo mais.

เธอขายร่างกายและศักดิ์ศรี
เพื่อพ่อแม่ เพราะคิดว่า
นี่คือ ทางออกสุดท้าย
แต่กลับเป็นทางตัน
ที่เจ็บปวดและอับจน

ma xk'uji' ta nu wich'a::
ma xk'uji' ta nuk'ajolal
ma xintk'uji' ta pa tijobal ib
ma qas ta k'o xintijoh
ma k'o ta qasaweh

ich hatte keine Kindheit
ich hatte keine Jugend
ich hatte keine Schule
ich hatte nicht genug zu essen
ich hatte nichts

eigene Sprache

*Das Leben
ist wie eine Perlenschnur,
die wir durch die Finger laufen lassen;
es reibt, es reibt,
die Schnur,
die Perlen,
die Finger,
die Angst vor dem Reißen.
(...)
Verstehst Du,
warum ich in
Deinem Boden wurzeln will,
Deinen Samen schlürfen,
der ein neues Meer nährt?
(...)
Du erweckst meinen Meeresblick,
wo Alpträume schlafen
und erzählst mir die Geschichte dieser Insel,
als ob die Geschichte und die Insel
weit zurücklägen.
(...)
Du redest auch über feurige, anregende
Dinge und Absichten
ach, mein Vers so nutzlos,
ach, Du meine große Liebe.
(...)
Manchmal, wenn ich zu Dir komme,
strahlst Du.
Und Du bist wie ein Baum
bedeckt mit Nachtigallen
(von denen DichterInnen träumen).
Genau in diesem Augenblick
beruhigt sich meine
Verrücktheit
und ich liebe Dich noch mehr.*

اوه خواهرم
با خبر
بدنبال آزادیت
به چه دلیل
تو
اینطور ساکتی؟

Literatur kreis

Laß deine Augen dich führen
laß deine Hände fühlen
laß deine Seele sprechen
laß deine Liebe zeigen
laß deinen Dank ausdrücken
aber gebe dich niemals auf
denn dafür wirst du selten
Anerkennung bekommen.

Bozica
aus: WEGE

Aus der gemeinsamen Arbeit in einem Kurs Deutsch als Fremdsprache und der damit verbundenen Beschäftigung mit deutscher Literatur entwickelte sich bei einigen Teilnehmerinnen das Bedürfnis, selbst literarisch tätig zu werden. Daraus entstand die Idee, einen Literaturkreis aufzubauen. Die Frauen waren bald daran interessiert, schreibend ihre Identität als Ausländerinnen in Deutschland zu finden.

Die Arbeiten aus diesem Literaturkreis sowie Arbeiten aus den Folgekursen sind in dem Buch „Wege" unter den Themen „Wege", „Heimat" und „Blumen" zusammengefaßt.

Bewältigung des Alltags gemeinsam üben

Der Interkulturelle Treffpunkt für Frauen und Mädchen des Mutter-Kind-Beratungszentrums e.V. existiert seit August 1984 im Stadtteil Bornheim in Frankfurt, in dem sehr viele Familien unterschiedlicher Nationalität leben. Das Zentrum wird seither von Frauen aus 26 verschiedenen Ländern besucht. Die Nationalitäten wechseln von Jahr zu Jahr, der Großteil stammt jedoch aus der Türkei und Marokko. Zur Zeit kommen neben Türkinnen und Marokkanerinnen, Frauen aus Spanien, Jugoslawien, dem Libanon, Jordanien, Algerien, Tunesien, Afghanistan, dem Iran, Mexico, Frankreich, England, Kenia, Ghana, Eritrea, den Philippinen und Thailand in den Treffpunkt zur Teilnahme an Kursen und/oder zur Beratung in verschiedenen Bereichen. Die meisten Besucherinnen sind erwerbslos und haben Kinder, die sie ins Zentrum mitbringen können.
Die Mädchen, die uns regelmäßig besuchen, kommen aus der Türkei und Marokko.

In unserem Treffpunkt können die Frauen und Mädchen vielseitige Angebote wahrnehmen. Die Angebotspalette reicht von Beratung in verschiedenen Bereichen über Kurse bis hin zu Bildungs- und Informationsveranstaltungen und Ausflügen.
Für die mitgebrachten Kinder gibt es parallel zu den Kursen und Veranstaltungen eine Kinderbetreuung.

Die Alfabetisierungs- und Deutschkurse sollen den Frauen den Anschluß an das Leben und den Alltag in der Bundesrepublik erleichtern. So bilden Alltags- und Migrationserfahrungen der Frauen und ihrer Familien den Themenschwerpunkt im Unterricht. Ausgestattet mit den sprachlichen Fähigkeiten und dem Wissen, die sich die Frauen in den Kursen aneignen, können sie sich selbstbewußter und sicherer ausdrücken und bewegen.
Einen sehr wichtigen Aspekt der Kurs- und Zentrumsarbeit stellt das Verarbeiten von Vorurteilen und Spuren von Fremdenfeindlichkeit zwischen Frauen verschiedener Nationalität dar.

Der Nähkurs bietet die Möglichkeit zur Freizeitgestaltung, zum gemeinsamen Nähen und Kontakten zu anderen Frauen. Das gemeinsame Arbeiten, Einander-Helfen und dabei die Sorgen und Freuden des Alltags austauschen, ist eine Erfahrung, die die meisten Frauen aus der Heimat her kennen, die in der hochindustrialisierten Bundesrepublik für sie nicht verloren gehen soll.

Der offene Nachmittag läuft unter dem Motto „Wir erobern uns die Stadt und den Alltag". Abwechselnd wird an diesem Nachmittag im Treffpunkt oder draußen etwas unternommen. Im Zentrum finden Lesungen, Veranstaltungen, Diskussionen oder gemütliches Beisammensein statt.

Außerhalb des Zentrums werden Orte besucht, die nicht selbstverständlich von ImmigrantInnen betreten werden. Der Kaisersaal im Rathaus, das Goethe-Haus, das Museum für Kunsthandwerk, das Film-Museum, die Paulskirche sind nur ein paar Beispiele dazu. Indem wir diese Orte besuchen, betonen wir, daß wir ImmigrantInnen uns nicht als Gäste und vorübergehend hier aufhalten, sondern uns in der Bundesrepublik niedergelassen haben. Wir wollen daher von den Möglichkeiten des sozialen Lebens auch in den Bereichen der Bildung und Kunst aktiv Gebrauch machen.

Austausch von Erfahrungen und Erkenntnissen im Bereich körperlichen Wohlbefindens und der Ernährung findet im Gesundheitskurs statt. Um sich vom Alltagsstreß ein wenig zu erholen und dabei neue Energien zu gewinnen, lernen Frauen die Anwendung von sanften Gymnastik, Atem- und Entspannungsübungen und Massagetechniken, die sie auch zuhause praktizieren können.

Mädchen, die regelmäßig an zwei Nachmittagen der Woche zum Treffpunkt kommen, sind türkischer und marokkanischer Herkunft. Sie sind im Alter zwischen 14 und 18 Jahren. An diesen Nachmittagen nehmen sie Angebote bestehend aus einem Schreibmaschinenkurs, sozialpädagogischer und psychosozialer Beratung, einem Gesprächskreis eingebettet im Handarbeitskurs, und Hausaufgabenhilfe wahr.
Neben dieser festen Gruppe gibt es noch Mädchen, die nur einmal oder in unregelmäßigen Abständen zur Beratung kommen.
Kenntnisse, die die Mädchen im Schreibmaschinenkurs erwerben, das Üben der Formulierung von Bewerbungsschreiben sowie Bewerbungstraining in der festen Gruppe können die Chancen dieser Mädchen bei der Lehrstellensuche und später im Beruf erhöhen.
Im Gesprächskreis wird den Mädchen noch einmal die Möglichkeit eingeräumt, die Probleme bezüglich ihrer schulischen und beruflichen Entwicklung außerhalb der Beratungsstunde zur Sprache zu bringen.
Wichtiger in diesem Kreis sind jedoch Themen, die die Verständigung zwischen Mädchen, Elternhaus und Schule sowie Generationen- und Kulturkonflikte betreffen. Durch die Unterstützung der Mädchen bei der Aufarbeitung solcher Konflikte und unterschiedlicher Vorstellungen der Mädchen und ihrer Eltern werden die Mädchen bei der Bildung einer eigenständigen Identität gefördert.
Zum fünfjährigen Jubiläum wurde im Oktober 1989 ein Buch mit dem Titel „Aus der Gruppe Kraft schöpfen" über die Arbeit des Zentrums herausgegeben. Es kann beim Zentrum bestellt werden.

Mutter-Kind-Beratungszentrum e.V.,
Bergerstraße 211,
6000 Frankfurt/Main 60

Literatur

Quellen

In zwei Sprachen leben, Hg.: I. Ackermann, München 1984, S. 162

In zwei Sprachen leben, S. 161

Lachen aus dem Ghetto, Polynationaler Literatur- und Kunstverein, 1985, S. 115

Wege, hg. v. Literaturkreis der Frauenbegegnungsstätte — VHS Offenbach, Dez. 1987, S. 26

Einige Überlegungen zu den Schwierigkeiten, die lateinamerikanische Flüchtlinge beim Erlernen der deutsche Sprache haben, unveröff. Untersuchung des Psychosozialen Zentrums, Frankfurt, April 1983

Fürs Leben Deutsch lernen, Sprachverband 1989

„As Marinhas" („Die See") von Neide Archanjo, Brasilianerin, Juristin, Psychologin und Dichterin, 49 Jahre alt.

Burgos, Elisabeth: Rigoberta Menchú, Leben in Guatemala, Bornheim-Merten 1984

Weiterführende Literatur

Ackermann, I. (Hg): In zwei Sprachen leben, München 1983

Über Grenzen — Berichte, Erzählungen, Gedichte von Ausländern, München 1987

Wege, hg. v. Literaturkreis der Frauenbegegnungsstätte, VHS Offenbach 1987

Hübner, Irene: Wie eine zweite Haut, Weinheim 1986

Freihändig auf dem Tandem, Bremen 1985

Torkan: Kaltland, Hamburg 1984

Tekinay, Alev: Über alle Grenzen, Erzählung, Hamburg 1984

Zusammenstellung dieses Beitrags:

Usche Merk, Barbara Newels

STUDENTINNEN

Wer wir sind

**Zusammenstellung von
Ines Franke de Rivas**

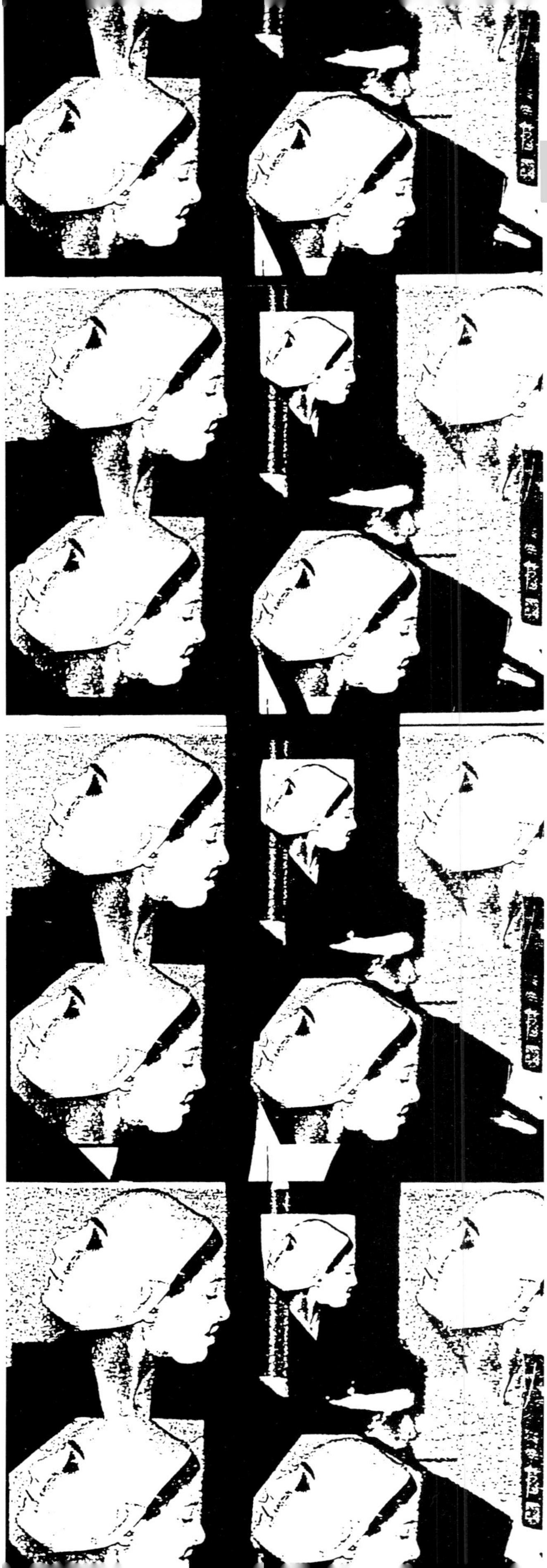

- Studentinnen, deren Eltern als ausländische Arbeitnehmer in die Bundesrepublik kamen, und die hier mehr oder weniger aufgewachsen sind (z.B. Italienerinnen, Spanierinnen, Türkinnen, Jugoslawinnen, Griechinnen);

- Studentinnen, die aus politischen Gründen ihre Heimat verlassen mußten (z.B. Chile, Iran);

- Studentinnen, die in ihren Heimatländern zu bestimmten (z.B. naturwissenschaftlichen) Studienfächern nicht zugelassen werden und insgesamt Studienbedingungen suchen, die sie aufgrund der kulturellen Gegebenheiten ihres Landes dort nicht haben;

- Studentinnen, die in ihren Heimatländern „ganz normal", jedenfalls nicht stärker diskriminiert als in der BRD, studieren können, und für die ein Auslandsaufenthalt weniger ein Zwang als eine Erweiterung ihres Horizontes bedeutet;

- Studentinnen, die eher aus privaten/familiären Gründen hier studieren, weil Eltern, Mann oder Freund nach Deutschland gegangen oder selbst Deutsche sind (vermutlich ist das die kleinste Gruppe).

An den deutschen Hochschulen studieren etwa 11.000 Frauen aus der sogenannten Dritten Welt. Das entspricht ca. 23% aller Studierenden aus Ländern der „Dritten Welt" in der Bundesrepublik Deutschland und nur 0,8% der Gesamtzahl der Studenten und Studentinnen in der BRD.

Studentinnen aus der „Dritten Welt" tauchen bisher in keiner Statistik gesondert auf und finden nicht das Interesse von Soziologen, Politologen oder Entwicklungsplanern. In der Fachliteratur können sich ausländische Studentinnen ebensowenig wiederfinden — sie existieren einfach nicht!

Eine ausländische Studentin, die aus einem Land der „Dritten Welt" zur Aus- oder Fortbildung in die BRD kommt, aus welchen Gründen auch immer, steht zunächst in einer vollkommen fremden Umwelt meist ganz allein da. Das Klima, die Sprache, die Lebensweise, die Lebenseinstellung und das Verhalten den Ausländern gegenüber, das Hochschulsystem und vieles mehr sind für sie ganz neu und schwer verständlich.

Neben Sprach- und Kommunikationsschwierigkeiten, materiellen Problemen, ständiger Konfrontation mit der Bürokratie und vor allem mit dem zunehmend ausländerfeindlichen Klima in der BRD stellen die Unterschiede in dem Lernverhalten und der Studienorganisation ihres Herkunftslandes und der BRD die ausländischen Studentinnen vor große Probleme.

Besonders schwierig ist die Situation für Studentinnen, die aus Ländern der „Dritten Welt" kommen, deren Kultur und Mentalität sich stark vom Deutschen unterscheidet. Sie werden mit einer Kultur und vor allem einer Frauenrolle konfrontiert, die zum Teil große Unterschiede zum Herkunftsland aufweist (besonders deutlich wird dies bei Frauen, die aus dem „islamischen Kulturkreis" kommen). Sie müssen also fähig sein, sich über im Herkunftsland vermittelte Sozialisationsmuster hinwegzusetzen bzw. sie streckenweise auszublenden, wenn sie sich in den studentischen Lebens- und Arbeitszusammenhang integrieren und ihr Studium mit Erfolg absolvieren wollen.

Der Rückhalt und die Sozialkontakte, die ihre männlichen Kommilitonen in Nationalitäten- und politischen Gruppen haben, fehlen den Studentinnen oft. Sofern dieser Kontakt gepflegt wird, kann er neben dem positiven Effekt eines Stückes „Solidarität" und „Heimat", sich jedoch auch zu einem Kontrollmechanismus über Kontakte und Lebensweisen entwickeln, der es den Studentinnen erschwert, Kontakt zu deutschen KommilitonInnen zu finden.

In dem Ausstellungsbeitrag über Studentinnen wollen wir die Lebens- und Studiensituation von Frauen, die aus der sogenannten Dritten Welt kommen und an einer der Fachhochschulen oder an der Universität in Frankfurt a.M. studieren, darstellen.

Die statistischen Daten (Sommersemester 1988 und Wintersemester 1988/89) geben Auskunft darüber, aus welchen Ländern die Studentinnen kommen und welche Studienfächer sie gewählt haben.
Die Darstellung der Studienmotivationen gibt einen Überblick über die unterschiedlichen Gründe, die zur Aufnahme eines Studiums in der BRD geführt haben.

Mit der ausgestellten Sammlung von Zitaten kommen die Studentinnen selbst zu Wort.
Wir wollen in unserem Ausstellungsteil auch zeigen, daß in der breiten Vielfalt der Lebens- und Studienbedingungen von ausländischen Frauen eine Möglichkeit liegt, sich als Frau zu entdecken und einen Weg zu finden, der zu einer eigenen weiblichen Identität führt. In dem Leben in bzw. zwischen zwei Kulturen liegt also die Chance eines dritten Weges: das Bemühen um ein autonomes Leben — und nicht nur zu wählen zwischen der Alternative Anpassung an die deutsche Mentalität oder Verharren in tradierten Sozialisationsmustern.

„Ich habe natürlich die große Chance mich zu ändern. Ich bin praktisch mit zwei Gesellschaftsformationen konfrontiert, daher habe ich vielleicht auch die große Chance, mich nicht anzupassen, sondern ich kann mich frei entfalten." (Soheila, Auszeit 15 Nr. 2/3, Ausländische Studentinnen, S. 49)

Anfangs hatten wir uns vorgestellt, viele Fotos von und Interviews mit Studentinnen zu machen. Aber das war schwierig, weil viele ausländische Studentinnen einer Veröffentlichung ihres Lebens mißtrauisch gegenüberstehen. Das konnten wir gut verstehen, und so entwickelten wir allmählich eine andere Idee. Wir beschlossen, die Ton-Dia-Schau „Mich als Frau entdecken" mit Mara zu machen. Sie beschreibt darin ihren Weg von Brasilien in die BRD und die hierbei erlangten Erfahrungen. Sie ist Mitfrau unserer Arbeitsgruppe, Brasilianerin und Studentin an der Universität Frankfurt.

Unsere Arbeitsgruppe:
Wir sind vier Frauen, zwei Deutsche und zwei Ausländerinnen — Ines Franke de Rivas, Lehrerin; Angelika Heinemann, Diplompädagogin; Mara Rúbia de Andrade, Verwaltungswissenschaftlerin; Irandokht Schahbakshi, Diplompädagogin; wir gehören dem AK „Frauen und Dritte Welt in Frankfurt" an.

Unserem Beitrag „Studentinnen" liegen folgende Erfahrungen, Kontakte, Tätigkeiten zugrunde:
Erfahrungen von Irandokht als Ausländerreferentin des ASTA der Universität Frankfurt und in der Beratung von ausländischen Studentinnen;
Kontakte zu verschiedenen, für ausländische Studentinnen relevanten Institutionen (z.B. Akademisches Auslandsamt an der Universität Frankfurt, World University Service, Internationaler Studentinnentreff der Evangelischen Studentengemeinde und der Katholischen Hochschulgemeinde), aber auch zu ausländischen Frauengruppen, die sich mit Studentinnen aus der „Dritten Welt" beschäftigen;
Beobachtungen und Gespräche mit ausländischen Studentinnen und mit Dozenten/innen;
Teilnahme an und Leitung von zahlreichen überregionalen Seminaren mit und für ausländische Studentinnen;
Betreuung von Studentinnen aus der „Dritten Welt" in studienbezogenen Gesprächsgruppen.

Huang Weiping

In dieser Zeit

Wenn der Wind über den Wipfel fliegt,
Spitzt das Ohr jedes grüne Blatt.
Ist ein Lied von der Heimat zu hören?
Ist ein Flüstern von den Freunden zu hören?
Der Wind lacht,
Das Blatt klatscht,
Die beiden sagen mir nicht.

Wenn der Mond wieder voll ist,
Fließt durch Fenster das Silberlicht.
Die schöne Chang-e *) im Morgenpalast tanzt,
die ewige Musik wird dabei gespielt.
Ich denke mir in dieser Zeit:
Paradies ist zwar prächtig,
Zuhause ist aber unvergleichlich,
Da man nie die Einsamkeit findet.
Wenn die Abenddämmerung den Himmel bedeckt,
Funkeln in der Dunkelblau ein paar Lichter.
Die Vögel sind in ihrem Nest,
Die Stille ist heimlich da.
Ich höre plötzlich in dieser Zeit:
"Draußen ist schon dunkel,
Kind, komm heim!"
Daß Mutter mich in der Ferne ruft.

*) Chang-e ist in einer chinesischen Mythe eine hübsche Frau. Sie hat von ihrem Mann die Wundermedizin gestohlen, mit der man in den Himmel fliegen kann. Chang-e hat eine phantastische Vorstellung vom Leben im Himmel und will sehen, wie es da oben ist. Sie hat später ihren Traumwunsch tatsächlich verwirklicht. Aber sie ist nicht dadurch glücklich geworden, weil sie danach für immer im Mondpalast bleiben muß und es da außer der strahlenden Pracht nur Einsamkeit gibt, die sie immer begleitet.

Ausländische Studentinnen

Herkunftsländer

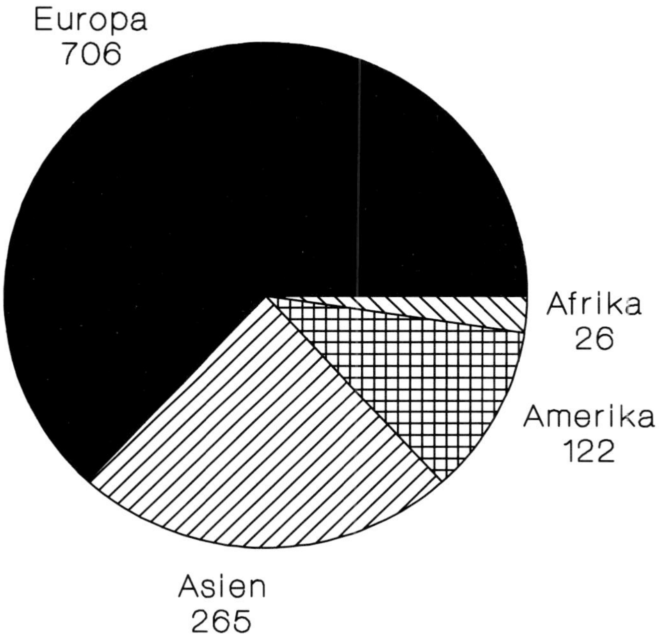

Fachbereiche

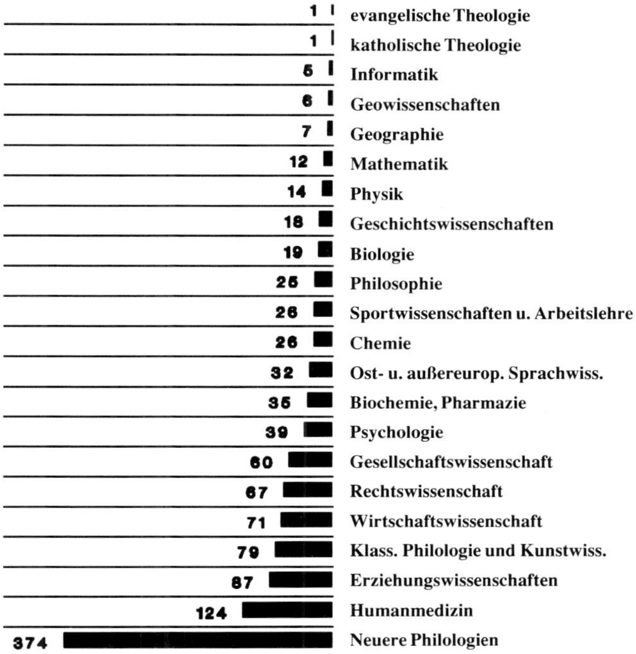

Studierende Sommer Semester 1988

JOHANN WOLFGANG GOETHE
UNIVERSITÄT

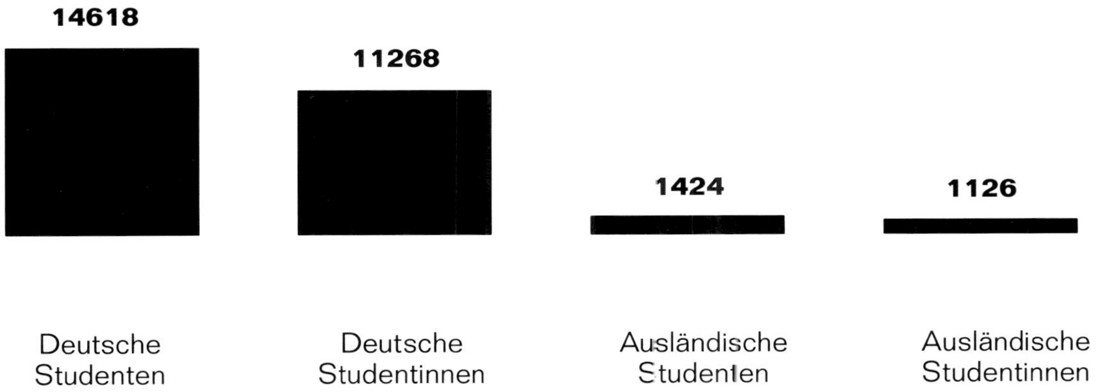

Es geht um uns FRAUEN aus „Entwicklungsländern", aus Asien, Afrika und Lateinamerika

die wir aufgeschlossen auf die Probleme zugehen

die wir zurechtkommen

die wir mitmischen und uns einmischen

die wir in der Bundesrepublik studieren

die wir zerrissen sind zwischen zwei Kulturen, Gesellschaften, Lebensformen

die wir manchmal nicht wissen, wo uns der Kopf steht und wo unser Herz geblieben ist

die wir oft an letzter Stelle kommen oder ganz auf der Strecke bleiben

die wir mit 1000 Problemen zu kämpfen haben:

Tradition — Familie	*Geld — Wohnung*
Kinder — Ehemann	*Haushalt — Schule*
Landsleute — Studium	*Gesellschaft etc. etc.*

die wir scheu in den Seminarraum huschen, uns in die hinterste Ecke drücken und danach schnell wieder verschwinden

die wir unseren männlichen Kommilitonen und den Herren Professoren immer erst beweisen müssen, daß wir nicht nur attraktiv, sondern auch intelligent sind

die wir gerne mehr teilnehmen möchten am öffentlichen Leben, die wir auch mitmischen möchten, wo entschieden wird, doch nicht wissen, wie wir es anfangen sollen

die wir unsere Stärke spüren und beweisen

die wir um unsere Identität kämpfen

die wir uns nicht unterdrücken lassen

die wir sowohl unsere Tradition als auch die westliche Kultur überdenken

die wir uns unsere Selbständigkeit bewahrt oder erkämpft haben.

Quelle: SAEL, Projekt Studentinnen aus Entwicklungsländern, Info-Blatt 8.3.1988, Träger AGATE e.V.

„Ich studiere nicht hier, weil ich den Anspruch hatte, wie z.B. andere Ausländer, einfach nur eine Fremdsprache zu erlernen und gleichzeitig eine andere Kultur kennenzulernen, sondern um überhaupt als Frau eine Möglichkeit zum Studieren zu bekommen."

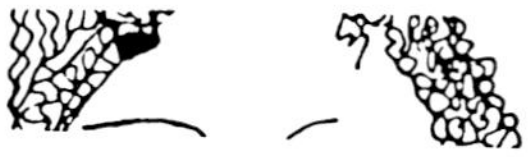

„Kennen Sie die typische Standardfrage, die die meisten Deutschen stellen?
Wie lange sind Sie in Deutschland?
Wie gefällt Ihnen Deutschland?
Wollen Sie nach Ihrem Studium hierbleiben?
Bei uns in Afrika, wenn jemand einen Gast fragt, wann er zurückkehren wird, bedeutet dies, daß er unerwünscht ist."

„Ich habe natürlich die große Chance, mich zu ändern. Ich bin praktisch mit zwei Gesellschaftsformationen konfrontiert, daher habe ich vielleicht auch die große Chance, mich nicht anzupassen, sondern ich kann mich frei entfalten. Dieser Prozeß ist mir und vielen anderen Frauen theoretisch klar, aber wie schon Goethe sagt: Grau, teurer Freund, ist alle Theorie, doch Grün ist des Lebens goldener Baum."

„Deutsche haben Vorurteile gegenüber Afrikanern, aber es ist nur, da Afrika für die meisten unbekannt ist. Einige bauen ihre Vorurteile aber schnell ab. Sie sind neugierig, besonders die Studenten. Sie probieren gern afrikanische Speisen und informieren sich gern über uns als Ausländer. Warum wir hier studieren und nicht bei uns."

„Ich werde in ein paar Jahren weder eine Perserin noch eine Deutsche sein. Da fangen die eigentlichen Probleme an. Identitätskrisen, die oft bei den Frauen vorkommen oder stärker wirken. Die Scheidungsquoten bei den ausländischen Studentinnen sind sehr hoch."

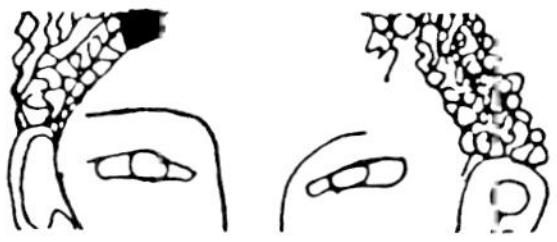

„Es ging so weiter, bis eines Tages auf dem Weg zu einem anderen Institut eine Studentin zu mir kam und mich sehr freundlich begrüßt hat. Ich dachte, sie ist bestimmt wie die anderen und wird mich bestimmt über die üblichen Themen fragen. Na ja, sie sieht nett aus und sie kann mir ruhig einige Fragen wie die anderen Kommilitonen stellen. Nein, sie hat mich über ganz andere Sachen gefragt. Sie fragte, wie ich das Studium hier finde, ob ich die Vorlesungen gut verstehen und ihnen folgen kann und ob ich interessiert bin, mit ihr zusammen zu lernen. Sie hat sich sogar sehr für meine Heimat interessiert, und wir haben lange über verschiedene Themen geredet. Ich konnte es kaum glauben. Ich lernte einen Menschen kennen, der mich das nicht gefragt hat, was die anderen immer gefragt haben. Sie war hilfsbereit und sie hat mich akzeptiert wie ich war."

„Ich bin fast am Ende meines Studiums. Es erwartet mich eine offene Zukunft. Zurückkehren kann ich nicht in meine Heimat, hier bleiben?
Immer häufiger höre und sehe ich, wie meine Landsmänner, ohne Reflexion über ihre Entwicklung und ihre Probleme hier, sich eine junge, nette, ‚unverdorbene' Frau aus der Heimat holen, um sich aus ihrer Lebenskrise zu befreien."

„Heute bin ich in einer Frauengruppe der Universität und nehme an einem Frauenprojekt teil. In der Vergangenheit war alles schwer, weil ich die Intention der Gruppe nicht verstanden habe, und ich die deutsche Sprache nicht gut konnte. Trotzdem bin ich geblieben, weil ich gespürt habe, daß sich etwas positiv entwickeln kann. Heute kann ich die Frauen besser verstehen, was sie sprechen, und was wir Frauen von diesem Projekt wollen."

---

alle Zitate auf S. 82/83 und Gedicht auf S. 84 aus:
Auszeit Nr. 15, hrsg. WUS (World University Service) 1986

Huang Weiping

In dieser Zeit

Wenn der Wind über den Wipfel fliegt,
Spitzt das Ohr jedes grüne Blatt.
Ist ein Lied von der Heimat zu hören?
Ist ein Flüstern von den Freunden zu hören?
Der Wind lacht,
Das Blatt klatscht,
Die beiden sagen mir nichts.

Wenn der Mond wieder voll ist,
Fließt durch Fenster das Silberlicht.
Die schöne Chang-e* im Morgenpalast tanzt,
Die ewige Musik wird dabei gespielt.
Ich denke mir in dieser Zeit:
Paradies ist zwar prächtig,
Zuhause ist aber unvergleichlich,
Da man nie die Einsamkeit findet.
Wenn die Abenddämmerung den Himmel bedeckt,
Funkeln in dem Dunkelblau ein paar Lichter.
Die Vögel sind in ihrem Nest,
Die Stille ist heimlich da.
Ich höre plötzlich in dieser Zeit:
„Draußen ist schon dunkel,
Kind, komm heim!"
Daß Mutter mich in der Ferne ruft.

* Chang-e ist in einer chinesischen Mythe eine hübsche Frau. Sie hat von ihrem Mann die Wundermedizin gestohlen, mit der man in den Himmel fliegen kann. Chang-e hat eine phantastische Vorstellung vom Leben im Himmel und will sehen, wie es da oben ist. Sie hat später ihren Traumwunsch tatsächlich verwirklicht. Aber sie ist dadurch nicht glücklich geworden, weil sie danach für immer im Mondpalast bleiben muß und es da außer der strahlenden Pracht nur Einsamkeit gibt, die sie immer begleitet.

mich als Frau entdecken

TON-DIA-SCHAU

von Mara Rúbia de Andrade

Musik: LEILA PINHEIRO — Voz de Mulher

„Da sind meine Eltern, ich bin in der Mitte, meine Schwester Telma und mein Bruder Carlos. Meine Mutter ist in Süd-Brasilien geboren und mein Vater in Nord-Brasilien, er ist schon gestorben.
Beide sind alleine in ihrer Kindheit nach Santos migriert, wo ich und meine Geschwister geboren wurden. Als ich geboren bin, war die Armut anders als heute, deshalb konnten wir das Abitur abschließen und ich konnte später weiter ein Studium absolvieren, Betriebswirtschaft."

Musik: ELIS REGINA — Nada Será Como Antes

„Schon lange Zeit habe ich entdeckt, daß die Welt nur den Männern zu gehören scheint, und daß wir Frauen auf einem patriarchalen Planeten leben. Fast alles war mir unklar und viele Sache reichten mir nicht, deshalb bin ich 1982 nach Europa geflogen. Ich wollte weiter sehen und lernen, um mich selbst zu entwickeln ...
In Europa kannte ich niemand.
Ich habe ein Ticket nur für den Hinflug gekauft, damit, wenn ich Ängste hätte, ich nicht sofort nach Haus zurück fliegen kann, das wollte ich nicht. Ich bin Sturkopf ...
Ich habe einen Monat in Spanien gelebt."

Musik: CLARA NUNES — Canto das Tres Racas

Ich möchte etwas sagen, daß diese Ton-Dia-Schau (Video-Show) etwas Persönliches ist und ich hoffe, daß es nicht eintönig wird.
Unsere Arbeitsgruppe Studentinnen hat gedacht, daß wir eine Ton-Dia-Schau machen sollten. Wir sind vier Frauen, zwei Ausländerinnen und zwei Deutsche: Iran, ich, Angelika und Ines ..."

Musik: FAFA DE BELEM — Mulheres do Brasil

„Brasilien, Brasilien ist 12.000 km von Deutschland entfernt, über 8.500.000 km² groß, so groß wie die Probleme Brasiliens. Zufällig von Portugiesen entdeckt. 488 Jahre alt, fast so alt wie die Marburger Universität, wo ich die deutsche Sprache gelernt habe. Über 140.000.000 Menschen, von denen sind 52% Frauen.
Wir sind eine Mischung von Indianerinnen, Afrikanerinnen und Europäerinnen ...

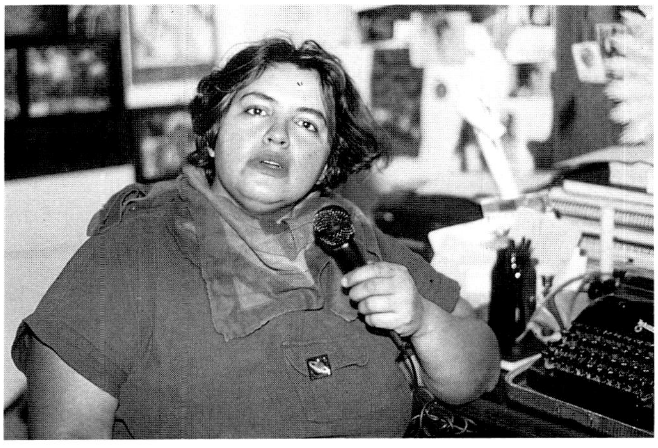

Von dort bin ich nach Deutschland gefahren, weil es eine Möglichkeit als Au Pair-Mädchen zu arbeiten, gab.
Frankfurt ... Frankfurt, Bahnhof, alles unbekannt, neu ...
Die Sprache unverständlich, ich konnte nicht Deutsch sprechen."

Musik: GAL COSTA — Pegando Fogo
„Einige Zeit habe ich in Detmold und Bielefeld als Au-Pair-Mädchen gearbeitet. Das Leben in Deutschland in den vier verschiedenen Familien und alles überhaupt hat in mir ein Feuer entzündet und den Wunsch entbrannt, diese andere Kultur und mich selbst kennenzulernen, trotz der Hindernisse und der schwierigen Zeit bin ich geblieben. Ich bin Sturkopf ...
Irgendwann war ich in Marburg und hatte Lust, das Frauenzentrum zu besuchen und Frauen kennenzulernen. Ich habe wie eine Dosis Mut genommen und bin da gegangen. Welche Angst habe ich gehabt, ich konnte nicht Deutsch sprechen ... verstehen sowieso nicht, nur ein bißchen Englisch ...
Ich habe viele Frauen kennengelernt. Einige haben mir geholfen, weil ich Hilfe brauchte.
1983 zum meinem Geburtstag hat die Petra mir ein schönes deutsches Buch geschenkt.
Das war einer der Gründe Deutsch, mit Hilfe vom Lexikon, anfangen zu lernen."

Musik: MARISA MONTE — Bem que se quis
„Im Juni 1983 fuhr ich mit ein Frachtschiff zurück nach Brasilien, erst nach Santos und später nach Sao Paulo. In Sao Paulo habe ich gewohnt und gearbeitet.
Sao Paulo ist eine riesige große Stadt mit circa 15.000.000 Menschen. Trotz daß ich in Sao Paulo geblieben bin und meine Freundinnen hier in Deutschland geblieben sind, es ist eine unsicher schwache Freundschaftsbrücke zwischen mir und allen geblieben ...
Im April 1985 mit der Hilfe und Unterstützung von meinen Freundinnen Petra, Margarete und Jutta komme ich wieder zurück nach Deutschland um zu studieren, um mich als Frau noch mehr zu entdecken, neues zu lernen und einfach zu leben!!! lieben!!!"

Musik: MARIA BETHANIA — Infinito Desejo
„Weil ich Klamotten brauchte und wenig Kohle hatte, bin ich ab und zu zum Diakonischen Werk in Marburg gegangen, und da habe ich etwas bekommen.
Wegen meinem Visum muß ich ab und zu zum Landratsamt von Marburg gehen, das ist eine Sache, die ich nicht gern mache, weil einige dort unfreundlich sind, dort kann ich genau diese bekannte Feindlichkeit spüren."

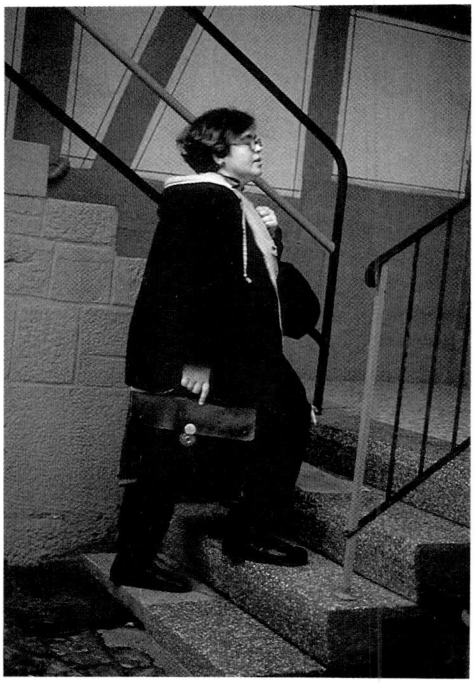

Musik: ZIZI POSSI — Ar Puro

„,Haben Sie sich entschieden, niemals dick zu werden?' Wenn ich solche Plakate sehe, bekomme ich verschiedene Gefühle: Lust zu lachen, zu schimpfen, usw. Ich rede oft in meinem Freundschaftskreis über solche Sachen. Ich stelle mir vor, wieviel solche Sachen viele Frauen kaputt machen können, sogar mich, wenn ich nicht eine gute Entwicklung in mir hätte. Ich finde es schön, ein normales Gewicht zu haben, aber es gibt viele Gründe, warum jemand dicker als andere ist. Es gibt kaum Orientierung im Namen der Gesundheit — körperlich oder psychisch — sondern im Namen der patriarchalen Normen, oder ‚Schlank steht mir', nach meine Ansicht nach alles, alles steht uns, wenn wir uns wohl und toll fühlen, und auch uns selbst annehmen können ..."

Musik: TANIA MARIA — Chiclete com Banana

„Da, da wohne ich, in Heskem City, mit circa 400 Einwohnerinnen, Einwohnern.
Wir wohnen auf dem Land, wo wir eine schöne und wichtige Beziehung mit der Natur haben.
Dort bin ich in meinem Element ...
Um Geld zu verdienen, habe ich als Putzfrau auf dem Land gearbeitet und zu Haus Portugiesisch-Unterricht gegeben.
Um Kohle zu sparen, kaufen wir Holz,
wir holen das Holz mit dem Auto aus dem Wald,
später sägen und hacken wir ...
Ich habe oft Sorgen gehabt, weil ich immer sehr wenig Geld hatte.
Irgendwann bin ich zur KHG in Frankfurt gegangen, ich war sehr unsicher! Wie konnte ich reden, was mußte ich genau machen oder sagen?
Zum Glück sind die Frauen dort sehr nett und die Ulrike Hammer, die Referentin, hatte verstanden, was ich wollte.
Nach einem bürokratisch schwierigen Jahr habe ich ein Stipendium vom Katholischen Akademischen Austauschdienst in Bonn bekommen. Das hat mir sehr geholfen!
Ich habe die deutsche Sprache in der Marburger Universität gelernt, da war es schön, weil die Lehrerin und der Lehrer sehr nett und menschlich sind, trotzdem war es etwas schwierig zu kapieren ...
Ich mache viele Sachen zusammen mit meinen Freundinnen, wir freuen uns oft miteinander wie Kinder, wenn wir zusammen spielen, das heißt nicht, daß wir immer unter Harmonie sind. Es gibt vieles, über das wir uns auseinandersetzen müssen!!!
Ich lerne Karate, Selbstverteidigung für Frauen, mit Frauen, von Frauen, das macht mir Spaß, das mache ich gern und sogar das sehr amüsant unter Frauen zu machen ist, ich lerne, weil ich mich gegen die Gewalt der meisten Männer verteidigen will und kann, besonders gegen die Vergewaltigung, Frau vergewaltigt Frau nicht!!!"

Musik: CICADA — Alchemy

„Es gibt viele Sachen, die ich gern in Deutschland mag und viele Sachen, die ich nicht mag. Es ist traurig sogar, wenn die Sonne scheint, daß ich nur Häuser und niemand auf der Straße sehe, wie Einsamkeit!!!
Auch oft habe ich dieses Gefühl auf der Straße in Frankfurt vor der Mensa, in der Uni, oft nur Autos;
in der Mensa können wir das beobachten, die Isolierung, die Einsamkeit!
Ich studiere das Aufbaustudium ‚Pädagogik: Dritte

Welt'."
Schade, daß die drei alten Gebäude nicht mehr existieren werden.
Ich habe oft die Uni abends beobachtet und wieder wird das Einsamkeitsgefühl wach!
Ich habe viele Seminare besucht, es war sehr schwierig, besonders wegen der Sprache, alles ist ganz anders als bei uns. Ich habe mit der Zeit gewußt, daß viele Ausländerinnen denselben Eindruck wie ich haben, sogar einige Deutsche haben Schwierigkeiten in der Uni.
Ich war bei einigen Frauengruppen und bin noch bei einer. Es war oft alles sehr kompliziert und schwierig, ich habe einige Frauen nicht verstanden und sie mich auch nicht. Es dauerte bis eine Entwicklung zwischen uns allen stattgefunden hat."

Musik: ELIS REGINA — Bala com Bala

„Wegen verschiedene Sachen habe ich oft zu Haus angerufen und Petra bringt mir oft Mut bei.
Ich bin oftmals später zurück nach Haus gefahren, besonders, wenn ich mich schlecht gefühlt habe, bin ich wie eine Rakete nach Haus gefahren. Ich wollte so schnell wie möglich zu Haus sein!
Mein Zimmer war durcheinander wie ich.
Ich machte ein Dusche, weil ich meinen Kopf frisch machen mußte, so bin ich ins Bett ein bißchen entspannt gegangen, und es hat Zeit für alles gegeben."

Musik: CLARA NUNES — Canto das Tres Racas

„Nächst Tag stehe ich auf, gucke ich am Fenster, die Sonne scheint, meine Seele scheint, meine Hoffnung wieder scheint.
Ich spiele mit Kater, gebe ich Zuneigung und bekomme Zärtlichkeit. Meine Freundinnen machen etwas amüsant, ich lache!!! Hoffnung!!! Hoffnung!!! müssen wir immer versuchen zu haben, zu halten!!!
Ich habe Sehnsucht nach Haus, Sehnsucht nach allen, nach alles!!!
Ich habe Sehnsucht nach Brasilien!!!"

„Es gibt für mich und für viele andere Frauen Situationen ähnlich wie dieser Wald, plötzlich eine Hoffnung, da ganz ganz hinten, ein klein Weg, ein kleines Licht, die scheint, und ich gehe weiter und entdeckte etwas Schönes.
Nach meine Ansicht nach, es lohnt sich zu leben, es lohnt sich zu lieben!
Ich freue mich und ich liebe es Frau zu sein!
Ich glaube zweifellos an die Krafte der Frauen!!!"

An die Frauen, die mir geholfen haben, vielen herzlichen Dank! Besonders an Petra Sonnenschein, Jutta Nonnenmacher und Margarete Suschek."

Ton-Dia-Schau / Videofilm erarbeitet von Mara Rúbia de Andrade, Heskem — 1988/89

GESCHÄFTE MIT ARMUT UND TRÄUMEN

Geschäfte mit der Armut von Frauen und ihren Träumen auf ein besseres Leben werden schon sehr lange gemacht. Möglich sind sie durch die seelische Armut der Männer und ihre Allmachtsträume, gefördert von einem Wirtschaftssystem, das patriarchale Skrupellosigkeit belohnt.

Diese Geschäfte nehmen unterschiedliche Formen an. Frauen werden zur Prostitution gezwungen, als Ehefrauen per Katalog angeboten, zur Arbeit in Bars oder als Tänzerinnen gedrängt. Bereits Ende letzten Jahrhunderts wurden solche Praktiken aufgedeckt und zum Gegenstand internationaler Diskussionen, die u.a. vom Völkerbund organisiert wurden.

Heute werden Frauen unter dem Vorwand, sie könnten ihre miserable wirtschaftliche Situation und die ihrer Familie durch Arbeit in Tanzclubs oder in Folkloregruppen verbessern, häufig ins Ausland verfrachtet, Frauen aus der Dominikanischen Republik, aus den Philippinen, aus Thailand. Die Insel Curaçao in der Karibik stellt sogar eigene Visa für Frauen aus der Dominikanischen Republik aus, die diese verpflichten, sich nur im Bordell aufzuhalten. Prostitutionstourismus ist auch in Kenia weit verbreitet. Polinnen, Frauen aus Südostasien und Brasilianerinnen werden bei uns per Katalog als Ehefrauen angeboten. Schon gibt es Agenturen, die dabei sind, DDR-Frauen zu vermarkten. Gegen diesen unwürdigen neuen Sklavinnenhandel wehren sich Frauen, sowohl in den Ländern des Südens als auch in jenen des Nordens.

„Weiße Sklaverei"

Internationaler Frauenhandel vor 100 Jahren

1. Wie der Handel mit Frauen zum Thema des Reichstags wurde.

„Die meisten Herren bekannten sich offen zu der Ansicht, daß der außereheliche Geschlechtsverkehr ein legales Bedürfnis des Mannes sei, daß die Benutzung der Prostituierten einen Lebensgenuß für ihn bedeute, der ihm nicht verkürzt werden dürfe ... Mit lauten Bravo-Rufen wurde die Theorie bedacht, die Natur habe zwei Arten von Frauen geschaffen — nämlich zum einen die mütterliche Frau zu Fortpflanzungszwecken und zum anderen die perverse Frau zum Zwecke der Befriedigung männlicher Bedürfnisse."

Mit diesen Worten referierte die Frauenrechtlerin Anna Pappritz über einen Kongreß zum Thema „Prostitution", der 1903 zu Frankfurt am Main stattfand und bei dem es keineswegs um das humanitäre Problem der Prostitution ging, sondern um das medizinische Problem der Bekämpfung der Geschlechtskrankheiten. Bereits 1871 war ein Ärztekongreß zu diesem Thema mit der Forderung nach Förderung des Bordellwesens beendet worden. Die männlichen Triebe könne und dürfe man nicht unterdrücken, so hieß es, folglich müsse man ihnen bestimmte Frauen opfern, wolle man die „gesellschaftlich bedeutenden" Frauen vor Verführung und Sünde bewahren. Die Prostituierten sollten in Bordelle gezwungen und zum Schutze der männlichen Kundschaft regelmäßig hygienisch untersucht werden. Verboten werden sollte nur die unkontrollierbare freie Prostitution.

Die Anhänger dieser populären Forderung nannten sich „Reglementaristen". Ihnen gegenüber standen — angeführt von Anna Pappritz und der Engländerin Josephine Butler — die „Abolitionisten". Sie kritisierten die „Herrenmoral" der Reglementaristen und warfen ihnen vor, daß diese die Prostitution zum staatlich anerkannten Gewerbe erklären wollten. Durch Kontrollieren der Prostituierten werde dem Mann die freie Sexualität mit gesundheitlichem Schutz versprochen, tatsächlich sei dieser Schutz aber nicht einmal gewährleistet.

Die Argumente der Reglementaristen wurden zunehmend durch ein Spezialgebiet der Prostitution ad absurdum geführt: den Frauenhandel. Zum einen gefährdete er insbesondere jene tugendhaften Mädchen, die ja angeblich durch die Prostituierten vor eigener Verführung geschützt werden sollten, zum anderen machte er jede Gesundheitskontrolle unmöglich.
International bekannt wurde das Problem des Frauenhandels 1885 durch einen Bericht der seriösen britischen Zeitung „Pall Mall Gazette". In der Absicht, die Kampagne der Abolitionisten zu unterstützen, ging der Journalist W. T. Stead Hinweisen auf Kindesmißbrauch in Londoner Bordellen nach. England war gegen Ende des 19. Jahrhunderts für eine regelrechte „Deflorationsmanie" bekannt. Zahlreiche Bordelle waren darauf spezialisiert, „jungfräuliche Ware" anzubieten. Ärzte und Hebammen stellten „Jungfernschaftsatteste" aus, die

den Kunden vorgelegt wurden. Die Entjungferung erfolgte häufig unter Betäubung, wie eine Bordellwirtin berichtete: „Sie schlief als er es tat — sie war fest im Schlaf versunken. Um die Wahrheit zu sagen, sie war eingeschläfert worden. Das geschieht oft. Ich gab ihr ein Betäubungsmittel, eine Mischung aus Laudanum und noch irgend etwas, manchmal wird Chloroform verwendet oder Schnupftabak. Da liegen sie beinah wie tot, und das Mädchen weiß stets erst am Morgen, was vorgefallen ist."

Daß für Jungfrauen die besten Preise zu erzielen waren, verleitete manche Bordellwirte sogar dazu, die Jungfernschaft der Mädchen künstlich wiederherzustellen. Sie wurden „genäht", und es wurden ihnen blutgetränkte Schwämmchen eingeführt. Der zeitgenössische Soziologe Eduard Fuchs berichtet von einem Mann, der sich mit rund 70 Jungfrauen pro Jahr „versorgen" ließ. Mehr seien nicht aufzutreiben gewesen, da er ausschließlich Mädchen von mehr als 16 Jahren begehrte.

Einige dieser Mädchen wurden nach einmaligem „Gebrauch" wieder ihren Familien zugeführt, für die meisten aber führte der Weg in die Prostitution. Um diese Ungeheuerlichkeiten öffentlich anprangern zu können, benötigte der Journalist W. T. Stead Beweise. In Absprache mit Josephine Butler engagierte er eine Anwerberin, der es mühelos gelang, die 13jährige Eliza Armstrong von deren Mutter abzukaufen. Gegen Josephine Butlers Willen ging Stead so weit, das Mädchen von einer Hebamme auf seine Jungfräulichkeit hin untersuchen zu lassen. Damit war auch dieser Beweis erbracht.

Am 6. Juli erschien dann der erste Teil der Artikelserie unter dem Titel „Der Jungfrauentribut des modernen Babylon". Die Öffentlichkeit reagierte ungläubig und verärgert. Der Innenminister verlangte, das Erscheinen der Artikel einzustellen, große Zeitungshändler boykottierten das Blatt, das daraufhin von Hunderten von Zeitungsjungen auf der Straße verkauft wurde. George Bernard Shaw, der als Kritiker für die „Pall Mall Gazette" arbeitete, verkaufte selbst die verbotene Ausgabe auf der Straße. Stead versprach die Einstellung der Serie, wenn die Forderungen der Abolitionisten erfüllt würden: Abschaffung der Bordelle, Anhebung des Schutzalters der Mädchen von 12 auf 16 Jahre und Schutz der Opfer der Prostitution. Tatsächlich reagierte der Innenminister mit einem geringen Zusatz zum Strafgesetzbuch.

Stead und andere mußten wegen des „Handels" mit Eliza kurze Gefängnisstrafen verbüßen, das Mädchen wurde nach dem Presserummel um ihre Person nach Frankreich zur Heilsarmee gebracht.

2. Internationale Maßnahmen gegen den Handel

Durch den „Fall Eliza Armstrong" war der Mädchenhandel zu einem populären Thema geworden — nicht nur in England, sondern auch auf dem Kontinent.

Während sich die Regierungen zunächst noch zurückhielten, begannen private Vereine, sich des Problems des Mädchenhandels anzunehmen. 1899 kam es in London zu einem ersten Kongreß, an dem Vertreter aus elf europäischen Staaten teilnahmen. 1902 folgte die offizielle Konferenz von Paris, bei der die Bezeichnung „White Slavery" (weiße Sklaverei) geprägt wurde — die erst 1921 durch den Begriff „Traffic in Women and Children" (Handel mit Frauen und Kindern) ersetzt wurde.

Nach einer Unterbrechung durch den Ersten Weltkrieg wurde das Thema Mädchenhandel erst 1920 wieder diskutiert, unter anderem auch vom Völkerbund.

An der ersten internationalen Konferenz 1921 in Genf nahmen 34 Staaten teil. Eine beratende Kommission wurde gebildet, zu der die Regierungen offizielle Vertreter schickten und Delegierte der wichtigsten Wohlfahrtsverbände als Beisitzer hinzugezogen wurden. Die Konferenz beschloß, auf jedem Auswanderungsschiff eine Frau zur Aufsicht einzusetzen. Im Bereich der Hafen- und Bahnanlagen wurden warnende Plakate angebracht. Eine Sitzung des Völkerbundes im Jahr 1923 führte zu einer internationalen Konvention gegen den Mädchenhandel, die von 33 Staaten unterzeichnet wurde.

Bereits einen Monat später wurde ein Fragebogen verabschiedet und an die Regierungen versandt. Kurz darauf wurde mit von den Regierungen gebilligten Untersuchungen begonnen, der sogenannten Weltenquête.

Die Enquête umfaßte folgende Fragen:
In welchen Ländern gibt es ausländische Prostituierte?
Wo gibt es eine deutliche Nachfrage nach ausländischen Frauen und warum?
Welchem Milieu entstammen die Frauen?
Kamen sie freiwillig oder unter Vorgabe falscher Tatsachen?
Welche Personen fördern den Handel?
Welche Nationalitäten sind in welchen Ländern vertreten? Welche Reisewege lassen sich beobachten?*)

Die Sachverständigen untersuchten insgesamt 29 Staaten. Ausgeschlossen werden konnten nach Voruntersuchungen nur Norwegen, Schweden, Dänemark, Palästina, Marokko und die britischen Antillen. Übergangen wurden Chile, Peru und Bolivien; Brasilien mußte aus politischen Gründen ausgeschlossen werden, obwohl hier der Anteil von Ausländerinnen an den Prostituierten vermutlich bei 80% lag. Untersucht wurden Deutschland, Argentinien, Österreich, Frankreich, Italien, Holland, Schweiz, Danzig, Polen, die Tschechoslowakei, Ungarn, Rumänien, die Türkei, Griechenland, Lettland, England, Mexiko, Panama und Uruguay.

Die Erstellung der Enquête dauerte zwei Jahre. Die mitarbeitenden Agenten schleusten sich direkt in Mädchenhändlerkreise ein. Teils begegnete man ihnen mit geradezu naiver Offenheit. Auch 5000 Prostituierte wurden befragt. Ende 1926 lag ein erstaunlich umfangreiches Datenmaterial vor, dem auch der größte Teil der hier angeführten Zitate und Daten entnommen ist.

*) Die Enquête über den internationalen Mädchenhandel findet sich in der Staatsbibliothek in Berlin (West). Die Quelle: League of Nations. Special Body of Experts on Traffic of Women and Children. Report. Genf 127. 2 Bände — Reihe Publication of the League of Nations IV. Signatur in der Berliner Staatsbibliothek: 8o 4 Aga 1040 Band IV, 1927, 1, 1.2.

3. Die Handelswege

Umstritten ist in den zeitgenössischen Quellen die Frage, ob von einer internationalen Organisation des Mädchenhandels gesprochen werden kann. Die Ergebnisse der Enquête sprechen allerdings dafür:

„Wie beim früheren Handel mit Negersklaven gibt es Börsen, Stapelplätze und Preiskurants des lebenden Menschenfleisches, Agenten, Makler, Zuführer, Transporteure, Stehler und Hehler beider Geschlechts." In einer europäischen Stadt, die als eine Zentrale der Händler galt, kursierte sogar eine Zeitung, die alle wichtigen Informationen enthielt: Nachfrage im In- und Ausland, aktuelle Verdienstmöglichkeiten je nach Tourismus, Truppenbewegungen und Schiffsverkehr, aktuelle polizeiliche Bestimmungen sowie Verfügungen über die Ein- und Ausreise. Offensichtlich wurden Frauen einer Nationalität stets denselben Ländern zugeführt — wohl weil man sie dort besonders schätzte. Italienerinnen verschickte man zum Beispiel an die östliche Mittelmeerküste und in den Süden Rußlands, nur selten dagegen nach London oder Buenos Aires. Dabei benutzten die Händler französische Häfen. Französinnen wiederum wurden über spanische Häfen verschifft. Griechinnen gelangten in die Türkei und nach Kleinasien. Verschiedene Handelswege konnten beobachtet werden. August Bebel nannte schon 1894 vor dem Reichstag in diesem Zusammenhang die Verbindungen von Hamburg nach Südamerika und von England nach Nordamerika. Da dort eine große Konkurrenz „einheimischer Produkte" bestünde, verschiebe man die meisten Frauen weiter bis nach Kalifornien, New Orleans, Texas, Kuba, Westindien und Mexiko. Unter der Bezeichnung „Böhminnen" gelangten deutsche Frauen über die Alpen nach Italien, von dort nach Alexandria, Suez, Bombay, Kalkutta, Singapur, Hongkong und Shanghai sowie auch in Richtung Sibirien. „In keinem Land wird soviel dieser lebenden Ware exportiert wie gerade aus Deutschland und Österreich" schreibt Bebel in seinem Buch „Die Frau und der Sozialismus".

Wie die Ergebnisse der Enquête zeigen, hatte Bebel unrecht, denn der Frauenexport Rumäniens und des armen Galiziens übertraf den Export aus Deutschland bei weitem. Wichtig war Deutschland vor allem für den Durchgangshandel von Ost nach West. Ein großer Markt für den Import bestand in Argentinien und Brasilien, in Tunesien, Algerien, Tripolis, Ägypten, Kuba, Uruguay und Mexiko.

Wichtiger noch als das Erkunden der Handelswege war es für die Mitarbeiter der Enquête zu erfahren, wie sich die Händler ihrer Opfer in deren Heimatländern bemächtigten. Dabei muß zwischen zwei Formen von Handel unterschieden werden: Zunächst fungierten die Händler als eine Art Stellenvermittler für jene Frauen, die bereits der Prostitution nachgingen, indem sie für den Austausch von Professionellen zwischen verschiedenen Bordellen sorgten. Wesentlich lukrativer aber war es, dem Markt „frische Ware" zuzuführen.

Der Mädchenhandel wurde eindeutig durch die Existenz der konzessionierten Bordelle begünstigt, was eine These der Abolitionisten stützt, die im Bordellwesen eine Förderung der Prostitution sahen. Die Wirte waren auf den Handel angewiesen, um ihre Kunden zu befriedigen. „In Italien werden alle zwei Wochen die Bordellmädchen gewechselt. Die Kundschaft verlangt das", erfuhren die Mitarbeiter der Enquête. In Belgien hatten die Bordelle eine Interessengemeinschaft gebildet, die eine Auswechslung alle drei bis vier Wochen ermöglichte. Oft besaßen Wirte in verschiedenen Ländern Bordelle und konnten so zwischen ihren eigenen Häusern austauschen. Meist aber wurde ein Zwischenhändler mit der Umplazierung beauftragt.

Ein solcher Händler erzählte gegenüber einem Agenten der Enquête: „Wenn die Häuser neue Mädchen wollen, teilen sie mir dies mit. Der Auftraggeber zahlt alle Reisekosten, ich kann ihm stets neue Mädchen besorgen und die alten in anderen Städten unterbringen, denn was hier alt und uninteressant ist, ist in Palermo neu. Überall gibt es Agenten, die Mädchen aufzutreiben wissen."

Neben dem Kundenwunsch nach Abwechslung waren aber auch die Geschlechtskrankheiten ein wichtiger Grund für den häufigen Austausch: „Alle Bordellmädchen werden spätestens nach vier Wochen in ein Hospital überwiesen. Während ihrer Krankheit werden sie an ein anderes Haus verkauft." Solche Praktiken führten das eingangs erwähnte Argument der Reglementaristen ad absurdum, die sich von der Bordellierung Kontrolle versprachen.

4. Die Methoden der Mädchenhändler

Die Methoden der Anwerbung tugendhafter Frauen waren vielfältig. Viele Agenten arbeiteten mit Stellenanzeigen in seriösen Zeitungen. Oft waren es Dienstpersonalgesuche im Ausland. Länder mit deutlichem Frauenmangel waren für unverheiratete Frauen reizvoll. Zwischen 1911 und 1924 waren über 1,2 Millionen Männer nach Südamerika ausgewandert, aber nur 540.000 Frauen. Männermangel in den Heimatländern war die Folge. Manche Händler arbeiteten auch direkt mit dem Lockmittel der Ehe: „In Lodz wurde eine Bande von Händlern gefaßt. Unter Vorspiegelung, ihnen in Buenos Aires einen steinreichen Bräutigam zu verschaffen, überredeten sie Mädchen zur Auswanderung. Die Mädchen wurden eingeladen, betrunken gemacht und dann nach Sosnowice gebracht. Dort erhielten sie falsche Pässe und fuhren dann über Kattowitz und Wien nach Genua, wo die Transporte zusammengestellt wurden. Derartige Transporte gingen in jedem Jahr vier bis fünf ab."

Auch vor Scheinehen schreckten die Händler nicht zurück. Solche Ehen waren leicht zu arrangieren, da oft die Eltern selbst ihren Töchtern zurieten: „Meist gehen die Agenten in die ärmsten Gegenden. Die Eltern geben, in der Hoffnung, eine Tochter ohne Mitgift an den Mann zu bringen, gerne ihre Einwilligung. Das Paar reist nach einem Hafen, wo der Mann, nachdem er die Braut an Bord gebracht hat, verschwindet. Er schickt in den nächsten Hafen eine Depesche, daß er mit dem nächsten Schiff nachkäme. Sie reist nun ohne Sorge in ihre neue Heimat, wo sie sofort in ein Bordell gebracht wird." Und ein Zuhälter in Tunis erzählte: „Ich kenne Personen, die regelmäßig nach Sizilien fahren, um dort Mädchen zu kaufen. Die Leute sind dort so arm, daß sie froh sind, sich ihre Töchter vom Hals zu schaffen."

Ein weiteres Lockmittel war die Aussicht einer „künstlerischen Karriere". Dies galt für alle gesellschaftlichen Schichten, wie das folgende Beispiel zeigt: „In das Haus eines reichen Kaufmanns ließ sich ein seriöser älterer Herr einführen, der sich als Kunstmäzen aufspielte. Er entdeckte auch bald, daß die Tochter des Hauses eine geborene Opernsängerin sei. Er wolle ihr mittels einflußreicher Verbindungen ein Engagement in München verschaffen. Überglücklich übergab der Vater

dem väterlichen Freund die Tochter und zudem für ihre Ausbildung noch 2000 Gulden. Der Herr fuhr mit dem Mädchen und fünf anderen Kunstnovizinnen nach Konstantinopel, wo in letzter Minute ihre Flucht gelang." Damit war auch das zweite Argument der Reglementaristen widerlegt, wonach die Prostitution den „Schutz der ehrbaren Frauen vor Verführung" gewährleisten sollte. Gerade die unerfahrenen Frauen waren für die Prostitutionsmärkte interessant.

In Verbindung mit den Händlern standen auch Hebammen, die in Zeitungen ungewollt schwanger gewordenen Frauen diskrete Hilfe anboten. Gleich nach dem Wochenbett lieferten sie die Frauen mit dem Vorwand, ihnen im Ausland — wo „niemand von ihrer Schande wisse" — eine Stelle zu vermitteln, an die Händler aus. Auch in Gefängnissen und Spitälern lauerten Agenten. Mädchen, die tatsächlich einer seriösen Stellung entgegenreisten, liefen Gefahr, am Zielort von Fremden abgeholt und verschleppt zu werden. Diese Schlepper trugen oft sogar Ordenskleidung.

Im Mittelpunkt des Handels war in Europa Brüssel, als Exporthäfen werden Fiume, Odessa, Konstantinopel, Brindisi, Marseille, Genua und Antwerpen genannt. In allen Ländern gab es Zentrallager und „Zwischendocks", in denen die Frauen wie Ware gelagert und sortiert wurden. Den Vorgang des Sortierens erklärt ein Händler ganz kaufmännisch: „Primaware wird meist überseeisch behandelt, weil dort die besten Preise zu erzielen sind. Sekundaware dient zur Deckung des europäischen Bedarfs, der Ausschuß bleibt im Inland." Die Agentenprovision je „aufgetriebenes Stück" (Fachausdruck) richtete sich nach dem Verkaufspreis.

Zur Verständigung nutzten die Händler codierte Bezeichnungen wie „5 Faß Ungarwein", „3 Ballen frz. Seide" oder „4 Sack poln. Kartoffeln", womit Nationalität, Anzahl und Preis mitgeteilt wurden. Die zum Teil extrem weiten Reisen mußten gut organisiert und abgesichert werden. Zum einen galt es, die Frauen in Unkenntnis zu halten. Zum anderen, den Kontrollen zu entgehen. Jeder Zuhälter nahm meist nur eine Frau mit an Bord, die er als seine Ehefrau ausgab. Nur selten fuhr der Händler mit einem anderen Schiff als sie. Da die 3. Klasse am schärfsten kontrolliert wurde, wählte man die 2., oft sogar die 1. Klasse. Fast jedes Schiff nach Südamerika und Mexiko hatte mindestens drei Frauen an Bord, die ahnungslos der Prostitution entgegenfuhren. Die Zuhälter fuhren etwa fünfmal jährlich von Amerika nach Europa, um die dort in Sammelhäusern bereitgehaltene „Ware" abzuholen. In Paris erfuhr die Enquête, daß monatlich drei Zuhälter von Argentinien, Kuba und Mexiko nach Warschau reisten, wo man ihnen Mädchen für Amerika übergab.

Um die teils strengen Einreisekontrollen zu umgehen, wurden weite Strecken und Risiken in Kauf genommen. Oft reisten die Frauen als blinde Passagiere in den Kohlenkammern. Die Kapitäne konnten nichts dagegen unternehmen, denn Heizer und Kohlentrimmer arbeiteten mit den Händlern zusammen.

Infolge der Diskussion im internationalen Frauenhandel verweigerten viele Länder Frauen die Einreise, aus Angst, es seien Prostituierte, und sie verwiesen ertappte Prostituierte des Landes. Im Jahre 1924 waren davon in Belgien 226 fremde Prostituierte, in Holland sogar 394 betroffen. In Deutschland regelte seit 1897 der Auswanderungsparagraph den Strafbestand des Mädchen-"Exports":

„Wer eine Frauensperson zu dem Zwecke der gewerbsmäßigen Unzucht mittels arglistiger Verschweigung dieses Zweckes zur Auswanderung verleitet, wird mit Zuchthaus bis zu fünf Jahren bestraft. Zudem ist der Verlust der bürgerlichen Ehrenrechte auszusprechen."

Entsprechende Prozesse wurden mit großer Neugier verfolgt. Eintrittskarten für die Zuschauerplätze fanden reißenden Absatz. Mehrfach wurde gerügt, daß sich die Presse nicht seriös genug mit dem Delikt beschäftigte, sondern nur die Sensationsgier befriedigte.

Das Thema ist noch immer aktuell. Arbeitslosigkeit und Armut sind wesentliche Impulse des internationalen Frauenhandels, und die Öffentlichkeit reagiert mit Sensationslust. Während um die Jahrhundertwende die industrieschwachen Länder Osteuropas mit ihrer großen Zahl arbeitsuchender Frauen Rekrutierungsmarkt für Agenten waren, sind es heute unter ähnlichen Bedingungen lebende Frauen der sogenannten Dritten Welt, die den Prostitutionsmärkten der Industrieländer zugeführt werden.

Cornelia Schöppner

Zum Beispiel: Thailand

Frau in Chiang Mai, Thailand

„Die Frauen sind die Hinterbeine der Elefanten"

(Thailändisches Sprichwort)

Händlerin in Chiang Mai, Thailand

Kolonialismus und Ausbeutung durch internationale Konzerne haben in der „Dritten Welt" wachsende Armut und Verschuldung verursacht. Auch in Südostasien wird die Landbevölkerung von ihrem Boden vertrieben, viele Frauen verlieren durch die Massenproduktion der Weltmarktfabriken ihr bisheriges Einkommen in traditionellen Handwerkszweigen (Textilien, Gebrauchtgegenstände). Auf der Suche nach bezahlter Arbeit kommt es zu großen Abwanderungen in die Städte, in deren Slums Tausende in hoffnungsloser Armut leben müssen.

In Thailand leben 31% der Bevölkerung unter dem Existenzminimum. Durch die thailändische Wirtschaftspolitik (Export- und Weltmarktorientierung) verarmen besonders die Menschen auf dem Land, dort, wo in der Tradition die Frauen hauptverantwortlich für die Ernährung und Versorgung der Familie sind. So gehen viele Frauen in die Städte, um nach Arbeit zu suchen. Als Hausangestellte, Kellnerin, Verkäuferin, Kleinhändlerin, im Straßenbau oder in der Fabrik verdienen sie jedoch sehr wenig. Viele bleiben arbeitslos.

„Poo ying ha kin = eine Frau, die etwas zu essen sucht"

(thailändisches Wort für Prostituierte)

Um ihr Überleben und das ihrer Familie zu sichern sind vor allem junge Frauen zunehmend gezwungen, sich (oft neben Haus- und Fabrikarbeit) zu prostituieren bzw. im heimischen Sextourismusgewerbe zu arbeiten.

1987 kamen 3,1 Millionen Touristen nach Thailand, ca. 75% davon waren Männer. 45 Mrd. Baht Einnahmen (ca. 3,4 Mrd. DM) brachte dieses Geschäft und ist damit die größte Deviseneinnahmequelle Thailands. Kein Wunder, daß die thailändische Regierung trotz offizieller Ablehnung des Sextourismus kein Interesse an Aufklärung, Berichterstattung und Protesten dagegen hat. So wurde schnell die Polizei gerufen, als Frauen am Bangkoker Flughafen gegen Sextouristen protestierten. Ausländische Journalisten setzen ihre Akkreditierung aufs Spiel, wenn sie über den Sextourismus berichten, gegen deren Informanten wird eine „wahre Hetzjagd inszeniert" (Frankfurter Rundschau, 21.11.1989).

Dabei arbeitet circa eine Million thailändische Frauen im „sex-service", das entspricht 3,3% der weiblichen Bevölkerung über elf Jahren.

Allein in Bangkok arbeiten ca. 30.000 Kinder in der Prostitution, in ganz Thailand sollen es laut Polizeistatistik 500.000 Mädchen (und Jungen) sein, deren Hauptkunden Touristen sind.
Auf welch skrupellose Weise junge Mädchen in die Prostitution verschleppt werden und wie es ihnen dort ergeht, erzählt die nachfolgende Geschichte des Mädchens Kham Laa. Sie basiert auf einer wirklichen Begebenheit, deren entsetzliches Ende 1987 die Öffentlichkeit kurzfristig auf die Lage von Prostituierten aufmerksam machte. Entnommen ist sie einer Aufklärungsbroschüre für junge Mädchen, die das Women's Information Centre in Bangkok daraufhin erstellte und auf dem Land und in Schulen verteilt.

„Vergnügungsviertel" Patpong Bangkok

Kham Laa — ein Mädchen aus dem Norden Thailands

Aus einer Aufklärungsbroschüre für junge Mädchen
des Informationszentrums für Frauen in Bangkok (WIC)
Übersetzung und Zusammenfassung aus dem Englischen: U. Merk

1. Zuhause

Kham Laa wurde in einem Dorf im Norden Thailands geboren. Ihre Eltern hatten vier Kinder, Kham Laa war die Jüngste. Ihre Geschwister hatten geheiratet und waren weggezogen und ließen die Dreizehnjährige mit den Eltern allein.

Kham Laa's Eltern waren Bauern. Sie hatten ein winziges Stückchen Land, auf dem sie Reis anbauten, aber solange sich Kham Laa erinnerte, war es nie genug gewesen. Deshalb mußten ihre Eltern noch zusätzlich verschiedene Arbeiten annehmen, um etwas Geld zu verdienen.

Ihr Vater mußte oft Geld von „Onkel Pan" leihen, einem Geschäftsmann im Dorf, der mehr Land als alle anderen besaß. Mehrere Haushalte im Dorf waren Pan's Pächter und bezahlten ihm zwei Drittel ihrer Reisernte als Pachtgebühr.

บทที่ 1 บ้านเกิด

บ้านเกิดของคำหล้าอยู่ในหมู่บ้านแห่งหนึ่ง
ในจังหวัดเหนือสุดของประเทศไทย
พ่อแม่ของคำหล้ามีลูก 4 คน หญิงสองชายสอง
คำหล้าเป็นคนสุดท้อง พี่ ๆ แต่งงานไปหมด
เหลือคำหล้าซึ่งอายุ 13 ปี
อยู่เป็นเพื่อน พ่อแม่ ที่แก่แล้ว

Die Häuser der Bauern, auch das von Kham Laa, waren aus Holz gebaut mit dünnen Strohdächern. Während der Regenzeit drang Wasser ins Haus. Wenn es nachts regnete, schliefen Kham Laa und ihre Eltern kaum und hatten Mühe, die Betten und ihre anderen Sachen trocken zu halten.

Jedesmal, wenn es regnete, dachten Kham Laa's Eltern daran, ein neues Dach zu bauen. Aber sie hatten nie genug Geld, um neues Stroh zu kaufen.

Kham Laa lernte in der kleinen Dorfschule lesen und schreiben, die sie nach der Grundschule verließ. Ihre Eltern hielten mehr Bildung für ein Mädchen nicht für nötig, zumal die Schule Geld kostete und weit entfernt war.

Kham Laa blieb also zuhause und half ihren Eltern.

2. Probleme

Am Ende der Reissaison gingen Kham Laa's Eltern fort, um nach Lohnarbeit zu suchen. Eines Tages sollten sie Insektenvernichtungsmittel in einem anderen Dorf versprühen. Auf ihrem Heimweg stieß der Bus, in dem sie saßen, mit einem Lastwagen zusammen. Ihr Vater wurde schwer verletzt und mußte ins Krankenhaus, ihre Mutter hatte leichte Verletzungen.

Der Vater erholte sich und kam nach Hause, aber seine Gesundheit war nie wieder richtig hergestellt. Er wurde oft krank und war nicht mehr stark genug, um zum Geldverdienen weit zu reisen. So war Kham Laa's Mutter die einzige, die gelegentlich Geld verdienen konnte, aber so sehr sie sich auch bemühte, sie verdiente nie soviel wie der Vater, weil sie eine Frau war.

In der darauffolgenden Pflanzperiode wurde Kham Laa's Vater sehr krank. Die Familie hatte kein Geld für Medikamente oder einen Arztbesuch. Kham Laa entschloß sich, in der Stadt nach Arbeit zu suchen. Ein Nachbar nahm sie mit in ein Restaurant, um dort zu arbeiten. Jeden Morgen stand sie um vier Uhr auf, putzte alles und half das Essen vorzubereiten. Erst nach Mitternacht konnte sie ins Bett gehen.

Sie verdiente zehn Baht am Tag. Der Besitzer sagte, er könne nicht mehr bezahlen, denn sie würde ja schon Essen und Unterkunft bekommen.

Eines Tages machte sich der Schlafmangel bemerkbar. Während sie einen Kunden bediente, wurde ihr schwindlig und sie ließ das Tablett fallen. Alle Teller und Schüsseln zerbrachen. Wütend entließ der Restaurantbesitzer Kham Laa und gab ihr gerade noch genug Geld, um nach Hause zu kommen.

Als sie dort ankam, fand sie ihren Vater immer noch so krank vor wie zuvor.

เมื่อถึงหน้านาอีกครั้ง พ่อล้มป่วยหนัก ทั้งบ้านไม่มีเงินที่จะซื้อยาหรือพาพ่อไปหาหมอ พี่ ๆ ก็ไม่สามารถจะช่วยเหลือพ่อได้ เพราะต่างก็มีภาระหาเลี้ยงดูครอบครัว แม่ทำงานหนัก และในที่สุดก็ต้องหากู้เงินจากลุงปันเพื่อมารักษาพ่อ

3. Ein Ausweg

Kham Laa lebte wieder mit ihren Eltern. Sie versuchte, mit verschiedenen Gelegenheitsarbeiten Geld zu verdienen, aber soviel sie auch arbeitete, es ging ihrer Familie nicht besser.

Eines Tages traf Kham Laa Kaeo, eine frühere Schulkameradin, die zum arbeiten nach Bangkok gegangen war und auf Besuch war. Kaeo trug Hosen und ein hübsches T-Shirt. Ihr Gesicht war schön klar, ihre Haare schwarz und lang. Sie hatte ihren Eltern einen großen Kassettenrekorder und verschiedene ungewöhnliche Lebensmittel mitgebracht. Das ganze Dorf kam, um sie zu sehen. Manche wunderten sich, welche Art von Arbeit sie wohl in Bangkok machte, bei der sie so viel Geld verdiente, aber niemand wagte zu fragen. Kham Laa wollte auch gerne hübsche Kleider haben und Geld sparen, um ihren Eltern etwas kaufen zu können wie Kaeo.

Kaeo besuchte Kham Laa zuhause. Als sie den Zustand des Hauses sah und von Kham Laa's Problemen hörte, überredete sie sie, mit nach Bangkok zu kommen, um dort Arbeit zu finden und so ihren Eltern helfen zu können. Kaeo erzählte, daß sie im Haushalt arbeiten könne und versprach, das nächste Mal ihren Chef mitzubringen, damit er Kham Laa's Eltern sehen und sie mit nach Bangkok zum Arbeiten nehmen könne.

Einen Monat später kehrte Kaeo mit einer Frau zurück, die Mae Chan hieß. Mae Chan war kostbar gekleidet mit Gold und Diamanten. Sie sprach süß mit Kham Laa's Eltern, gab ihnen 3000 Baht als Vorschuß für Kham Laa's Lohn. Sie versprach, den Eltern jeden Monat mehr Geld zu schicken.

Kham Laa hatte noch nie zuvor so viel Geld gesehen. Sie war glücklich, ihren Eltern helfen zu können, die von nun an keine Sorgen mehr zu haben brauchten, endlich ein dichtes Dach bekämen, ihr Vater Medizin und ihre Mutter keine Lohnarbeit mehr verrichten mußte. Sie glaubte, daß sie nach Bangkok ging, um bei reichen Leuten als Dienstmädchen zu arbeiten.

Mae Chan versprach den Eltern, auf ihre Tochter gut aufzupassen. Dann nahm sie Kham Laa in einen Bus mit Klimaanlage, der sie nach Bangkok brachte. Kham Laa's Eltern waren zufrieden, daß ihre Tochter das Glück hatte, eine solch wohltätige Arbeitgeberin wie Mae Chan zu haben.

4. Die Hölle auf Erden

Im Bus schlief Kham Laa den ganzen Weg. Früh morgens kamen sie in Bangkok an. Mae Chan rief ein Taxi und sie fuhren zu einem Haus. Kham Laa bekam etwas zu essen und sollte sich ausruhen. Nachmittags nahm Mae Chan sie zu einem großen Haus und sagte ihr, daß sie dort arbeiten würde. Mae Chan nahm etwas Geld vom Hausverwalter entgegen und ging fort.

Kham Laa verbrachte ein paar Tage in dem neuen Haus. Der Besitzer war ein Mann mittleren Alters, der Kham Laa sagte, daß sie „Gäste empfangen" solle. Er kaufte ihr neue Kleider und zog sie hübsch an. Dann nahm er sie in ein Hotelzimmer, wo sie auf einen Gast warten sollte.

Der Gast war ein älterer Mann mit einem dicken Bauch, der fast so alt war wie ihr Vater. Er war elegant angezogen, trug auch eine goldene Uhr und einen Diamantring. Er sagte ihr, daß er sie möge, weil sie jung sei. Seine Frau sei alt und er habe es gern, Mädchen zu besuchen, besonders, wenn sie noch Jungfrauen seien wie Kham Laa, denn das helfe ihm, länger zu leben. Er sagte Kham Laa, daß er ihr viel Geld geben würde, wenn sie ihm zu Gefallen sei.

Kham Laa verstand nicht, worüber der Mann sprach. Sie schrie, als er versuchte, sie auszuziehen. Sie bat ihn, Mitleid mit ihr zu haben und sagte, sie wolle Hausarbeit machen, nicht Gäste empfangen. Der Mann wurde wütend und beschwerte sich. Er verlangte den Hausbesitzer, der Kham Laa ins Hotel gebracht hatte und forderte, daß er Kham Laa wieder mitnehmen und ihm seine 7000 Baht, die er für sie bezahlt hatte, wieder zurückgeben solle.

Als sie in das Haus zurückkamen, schlug der Hausbesitzer auf Kham Laa ein.

Er rief einen Mann, der die Mädchen im Haus kontrollierte, einen Zuhälter, und befahl ihm, Kham Laa in ein Zimmer zu nehmen und ihr eine Lektion zu erteilen. Der Zuhälter fing an, Kham Laa zu verprügeln. Er sagte, daß er sie zähmen müsse und daß sie keinen Ärger mehr machen würde, wenn sie einmal mit einem Mann geschlafen habe.

Er vergewaltigte Kham Laa und warnte sie, daß sie von jetzt an gehorchen müsse und Gäste empfangen, wie es der Hausbesitzer befahl. Wenn sie sich weigere, werde sie in einen Raum ohne Essen und Wasser gesperrt werden. Er sagte, daß er schon aufsässige Mädchen ermordet und ihre Körper ins Klo geworfen habe.

Kham Laa weinte bis ihre Augen anschwollen. Ihr ganzer Körper tat weh. Sie vermisste ihre Eltern.

Sie würden nicht wissen, daß Kham Laa jetzt in der Hölle lebte.

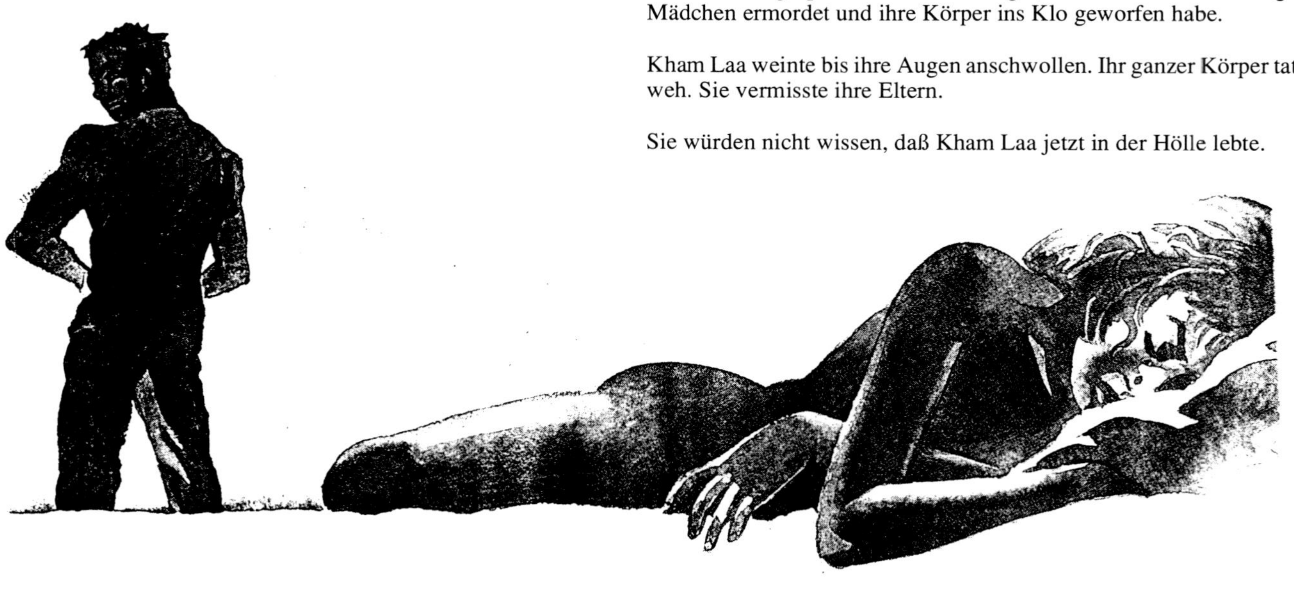

5. Für Vater und Mutter

Nach diesem Vorfall rieten ihr die anderen Mädchen, die im selben Haus arbeiteten und auch aus Kham Laa's Region kamen, sie solle sich nicht weiter wehren sondern die Anordnungen des Hausbesitzers ausführen, um nicht verletzt zu werden. Sie solle rausgehen und Gäste empfangen, damit sie Geld für ihre Eltern verdienen könne. Wenn sie sich weigere, würde sie nicht nur geschlagen werden, sondern auch kein Geld mehr verdienen. Da sie nun ihre Jungfräulichkeit schon verloren habe, könne sie genauso gut für Geld arbeiten und solle nicht mehr weiter darüber nachdenken.

Die Mädchen gingen jeden Tag raus, um „Gäste zu empfangen". Manche empfingen mehr als zehn Gäste am Tag und verdienten zehn bis zwanzig Baht pro Besuch. Sie waren in der Lage, etwas zu sparen und ihren Eltern verschiedene gute Sachen zu kaufen, wenn sie an Neujahr oder am Songkran Fest nach Hause fuhren.

Aber andere hatten auch nicht viel Geld und litten an verschiedenen Krankheiten. Sie mußten selbst nach Heilung suchen. Diejenigen, die schwanger wurden, mußten ihre eigene Abtreibung durchführen. Eine Freundin erzählte Kham Laa, daß ein Mädchen aus Kham Laa's Gegend eine Abtreibung hatte und daran verblutete, ohne daß ihre Familie davon wußte.

บทที่ 5 เพื่อพ่อและแม่

หลังจากเกิดเหตุการณ์วันนั้นแล้ว
เพื่อน ๆ ที่ทำงานในบ้านหลังนั้น
และมาจากภาคเดียวกับคำหล้า
บอกให้คำหล้าอย่าดื้อ ให้ทำตามคำสั่ง
ของเจ้าของบ้าน จะได้ไม่เจ็บตัว
ให้ออกไป รับแขก
จะได้มีเงินเก็บส่งไปให้พ่อแม่
ถ้าไม่ทำตาม คำหล้าก็จะต้อง
เจ็บตัวอีก และจะไม่มีเงินส่ง
ไปทางบ้าน ไหน ๆ ก็เสียตัวไปแล้ว
อย่าคิดอะไรมาก
ให้ทำงานเก็บเงินดีกว่า

Kham Laa entschloß sich, Gäste zu empfangen, damit sie Geld für ihre Eltern verdienen konnte. Gleichzeitig dachte sie dauernd darüber nach, wie sie aus dem Haus fliehen konnte. Der Zuhälter, der die Mädchen kontrollierte, wußte, daß Kham Laa nicht so gefügsam war wie der Rest und bewachte sie besonders genau. Kham Laa verstand nicht, warum Männer zu Prostituierten gehen mußten. Wußten sie, daß Kham Laa, während sie sich an ihrem Körper vergnügten, entsetzlich litt?

Eines Tages sagte der Hausbesitzer, daß er einige Mädchen auf die südliche Insel von Phuket schicken würde; Kham Laa war darunter. Sie wußte nicht, was Phuket war. Die anderen erzählten ihr, daß es im Süden Thailands sei und es dort viele Touristen gebe. Dort arbeiten bedeute, viel Geld sparen zu können und dann mit dieser Arbeit ein für allemal aufzuhören.

Kham Laa war traurig, noch weiter von zuhause weg zu sein. Aber als sie von dem Geld hörte, entschloß sie sich zu gehorchen in der Hoffnung, viel sparen und so bald wie möglich zu ihren Eltern zurückkehren zu können.

6. Schlechte Nachrichten aus Phuket

Der Hausbesitzer beauftragte den Zuhälter, die Mädchen nach Phuket zu bringen. Dort arbeiteten Kham Laa und ihre Freundinnen in einem sogenannten „geschlossenen Bordell". Das bedeutete, daß die Mädchen nach der Arbeit in ihre Zimmer eingeschlossen wurden und nicht raus konnten. Zu den Mahlzeiten brachte man ihnen Essen. Abends mußten sich die Mädchen anziehen und sich für die Arbeit fertigmachen.

Das Leben in Phuket war für Kham Laa und ihre Freundinnen sogar noch schlimmer als in Bangkok, aber sie konnten nichts daran ändern. Einmal schrieb ein Mädchen einen Brief an ihre Eltern und bat einen Kunden, ihn einzuwerfen. Aber der Hausbesitzer fand es raus, verprügelte das Mädchen und sperrte sie mehrere Tage ohne Essen und Trinken in ein Zimmer ein. Da hatten alle anderen Angst.

Kham Laa wünschte sich, daß ihre Eltern wüßten, wie schrecklich sie litt und daß sie sie nach Hause nehmen würden, aber sie hatte Angst vor der Bestrafung. Allmählich verlor sie jede Hoffnung und fing an zu denken, daß sie ihre Eltern vielleicht nie wieder sehen würde. Sie fragte sich, welche Sünden sie begangen hatte, um solch ein entsetzliches Leben erleiden zu müssen. Während gleichaltrige Freunde in der Schule waren oder ihren Eltern auf dem Feld halfen, mußte sie ihren Körper gegen ihren Willen mehreren Männern täglich verkaufen. Und die ganze Zeit erhielt sie nicht einen Penny als Anteil.

Stattdessen bekam sie Verachtung von der Gesellschaft. Sie riskierte sogar, verhaftet zu werden, denn was sie tat, war illegal. Es ist ironisch, daß ein kleines Mädchen wie Kham Laa diejenige ist, die die Schande und Strafe bekommt.

Eines Nachts zündete Kham Laa einige Räucherstäbchen an und betete zu Buddha und flehte ihn an, ihren Eltern mitzuteilen, daß sie kommen und sie holen sollten, um sie aus einem solchen Leben zu retten. Dann schlief Kham Laa ein, aus Erschöpfung über die vielen Kunden die ganze Nacht.

Als sie aufwachte, roch sie Brandgeruch. Dann sah sie Flammen im Zimmer, in dem sie mit fünf anderen Mädchen schlief. Sie rannte zur Tür, aber konnte sie nicht öffnen, weil sie von außen verschlossen war. Sie schrien alle um Hilfe, aber niemand hörte sie.

Kham Laa dachte an ihre Eltern, ihre Geschwister und ihr Zuhause. Das Feuer verbreitete sich im ganzen Raum. Sie würde sie nie wieder sehen.

Am nächsten Tag hörte das ganze Land, daß Prostituierte in einem Bordell auf Phuket bei lebendigem Leib verbrannt waren.

Männer — Träume — Profite

Hunderttausende bundesdeutscher Männer reisen jährlich als Sextouristen vor allem nach Südostasien, nach Thailand und auf die Philippinen. Die Massenprostitution begann dort mit der Anwesenheit von Tausenden von Soldaten im Vietnamkrieg. In den siebziger Jahren trat der kommerziell organisierte Sextourismus von Männern aus den Industrieländern die Nachfolge der Militärs an.

Aus diesem Tourismus hat sich auch der Handel mit Frauen entwickelt. In der BRD sind rund 60 „Heiratsvermittler" auf die Vermittlung von Frauen aus der „Dritten Welt" an deutsche Kunden spezialisiert. Die international arbeitenden Agenturen bieten Männern Frauen per Katalog an, es gibt „Sonderangebote", „Umtausch" und Ratenzahlung sind möglich. Die dem Medienklischee zufolge z.B. so „anschmiegsamen, unterwürfigen" Asiatinnen sind als Ehefrauen, Hausmädchen und besonders im Sexgeschäft äußerst gefragt.

Der moderne Massentourismus (Billigflüge, Pauschalreisen) vereinfacht den Transfer von Frauen als „Handelsware" nach Europa.

Das Auftreten westlicher Sextouristen, die massive Medienpropaganda für den Reichtum der Industrieländer und die scheinbar verlockenden Arbeits- und Heiratsangebote von Vermittlungsagenten erzeugen bei Frauen in den Ländern des Südens oft die Hoffnung, durch eine Heirat mit einem „reichen" Deutschen die Prostitution aufgeben oder durch eine besser bezahlte Arbeit in Europa, ihre Familie in der Heimat dauerhaft unterstützen zu können. So kommen ausländische Frauen aufgrund zweifelhafter Versprechen oft mit falschen Vorstellungen in die BRD. Ohne Informationen über die aufenthaltsrechtlichen Bestimmungen des Ankunftslandes erhalten sie meist ein dreimonatiges TouristInnenvisum. Innerhalb dieser Frist muß die Ehe mit einem Deutschen zustande kommen, da sie sonst entweder „erfolglos" in ihre Heimat zurückkehren oder illegal im Land bleiben müssen. Nach der Ankunft werden den Frauen häufig Pässe und Flugtickets abgenommen, und man zwingt sie zum Teil mit Drohungen oder Gewalt, die entstandenen „Vermittlungskosten" zu ersetzen — d.h., z.B. durch Prostitution abzuarbeiten. Außerdem werden sie den menschenverachtenden Praktiken der Heiratsvermittler wie „Ehefrau auf Probe mit Umtausch- und Rückgabegarantie" ausgesetzt, leihweise mehreren Interessenten überlassen oder zur Heirat gezwungen. Oft stellt sich heraus, daß der Ehemann nicht willens oder in der Lage ist, die Familie seiner Frau zu unterstützen, was für diese aber das eigentliche Motiv der Heirat war. Vielmehr werden einige Frauen gezwungen, durch schlechtbezahlte Arbeit unter der Versicherungsgrenze oder Prostitution dem Mann ein zusätzliches Einkommen zu verschaffen. Sprachunkundig, isoliert in völlig fremder Umgebung und rechtlos wird die schlechte Lage der Frauen oft noch durch Gewalt, Alkoholprobleme und Schulden des Ehemannes verschärft. Da ihr Aufenthaltsrecht an die Ehe mit einem Deutschen gebunden ist, droht ihnen bei Scheidung die Ausweisung und der Verlust des Sorgerechts für gemeinsame Kinder.

Die Verbindungen zwischen legalem Heiratshandel mit „Katalog-Frauen" und illegalem Menschenhandel mit ausländischen Frauen und Mädchen zum Zweck der Prostitution sind vielfältig. Weder mit bundesdeutschen noch mit internationalen Gesetzen ist bisher gegen beide Formen modernen Sklavinnenhandels wirkungsvoll vorgegangen worden. So werden z.B. asiatische Frauen in ihrer Heimat mit Arbeitsplatzversprechen in der BRD angeworben und hier zur Prostitution gezwungen. Bei anderen entpuppt sich der durch eine Agentur vermittelte Ehemann als Zuhälter, manche werden durch Scheinehen mit Deutschen „legal" in die Prostitution gebracht. Frauen, die schon in ihrem Herkunftsland im Sexgeschäft gearbeitet haben, verspricht man(n) in Europa bessere Verdienstmöglichkeiten. Tatsächlich ist die Situation ausländischer Prostituierter in der BRD jedoch sehr viel schlechter als die der deutschen: Durch ihre katastrophale Rechtslage (Prostitution als Ausweisungsgrund oder Gefahr der Abschiebung nach illegalem Aufenthalt) sind sie der erpresserischen Ausbeutung durch Zuhälter, Bar- und Bordellbesitzer praktisch schutzlos ausgeliefert. Deshalb müssen sie oft für weniger Geld härter arbeiten (mehr Kunden, keine Kondome, gesundheitsschädigende Praktiken), was die Konkurrenz zwischen deutschen und ausländischen Prostituierten erhöht und eine gemeinsame Interessenvertretung gegenüber Arbeitgebern und staatlichen Behörden verhindert. Wegen ständig drohender Ausweisung wenden sich ausländische Prostituierte nicht an die Polizei und werden häufig Opfer von Betrug, Gewalt und Verbrechen. Auch die strafrechtliche Verfolgung von Frauenhändlern ist nur selten möglich, da die betroffenen Frauen entweder aus Angst schweigen oder längst in ihre Heimat abgeschoben worden sind. Der häufige Wechsel unter den ausländischen Prostituierten, die über Ländergrenzen oder zwischen Städten „verschoben" werden, wieder in ihr Land gehen oder schlicht „verschwinden", dient obendrein dem Bedarf von Händlern und männlichen Konsumenten an ständig neuer „exotischer Ware".

F&S

Internationales Partner Vermittlungs Institut

[redacted]

Sehr geehrter Herr,

wir setzen voraus, daß Sie ledig, geschieden oder verwitwet sind und den Wunsch haben, diesen Zustand zu beenden. Deshalb wollen wir auch nicht lange um den heißen "Brei" herumreden.

Setzen wir weiterhin voraus, daß Sie die Nase voll haben, von den vergeblichen Versuchen, in unserer gefühlskalten Welt und unter den meist über-emanzipierten Frauen und Sitzengebliebenen, die Richtige zu finden. Eine Frau, die bereit ist, auf Ihre individuellen Wünsche einzugehen, die bereit ist, sich dem Mann anzupassen - und nicht umgekehrt. Eine Frau, die jung, hübsch und schlank ist; Eine Frau, anpassungsfähig, modern, zärtlich und absolut treu. Kurz; eine Frau, die noch Frau ist - und es auch bleibt. Oder ein Mädchen von bezaubernden Chrme und natürlicher Herzlichkeit, fleißig und liebenswert, die auch einen älteren Partner akzeptiert und auf Grund ihrer konsequenten Erziehung in dem Mann das Haupt der Familie sieht.

Sie meinen, daß es das heute nicht mehr gibt? Nun, - wir wissen, daß dies nicht so ist. Bei den Mädchen auf den Philippinen gelten alle die eben erwähnten Grundsätze. Sie haben eine viel tiefere Beziehung zu ihrem Lebensgefährten, als die europäische oder deutsche Frau und sehen ihre Aufgabe seit Jahrtausenden darin, dem Mann die ideale Frau zu sein, denn erst die ideale Frau macht ein Männerleben vollkommen und garantiert ein harmonisches Zusammenleben auf Dauer.
Diese Mädchen haben erkannt, daß es keinem nutzt, eine bockige oder störrische Frau, ein zänkisches Weib, ein untreue Schöne oder eine maskuline Emanze zu sein. Die Beziehung mit einem solchen Partner geht nicht gut und landet irgendwann einmal auf den seelischen Müll.

Also: - keine Experimente mehr! Verbrennen Sie sich nicht länger die Finger an unseren - ach so gleichberechtigten Frauen, denn mehr als 2000 sehr sorgfältig von unserer ständigen Vertretung auf den Phillippinen ausgesuchte bezaubernde junge Mädchen und Frauen aus dem Inselreich, haben sich in unsere Kartei aufnehmen lassen und hoffen zum Teil schon seit Jahren auf den deutschen Mann, dem sie beweisen wollen, daß alte Werte auch in unserer modernen Welt noch durchaus ihre Gültigkeit behalten haben.

Diese Mädchen leben in einem Land mit enormen Frauenüberschuss und geringen Verdienstmöglichkeiten. Kaum ein durchschnittlicher Mann hat dort die Chance, das Geld für eine Hochzeit aufzubringen - geschweige denn den Unterhalt für eine ganze Familie. Und ein Mädchen, daß mit 20 Jahren dort noch keinen Mann gefunden hat, gilt als alte Jungfer. Übrigens: 80 % der ledigen Mädchen und Frauen dort sind noch Jungfrauen.

Diese Damen sehen in dem deutschen Mann den ehrlichen, sauberen und zärtlichen Liebhaber, Partner und Freund, der sie aus ihrem Alleinsein herausholt und ihnen Gelegenheit gibt, zu zeigen, was alles in ihnen steckt.

Aus eigener Erfahrung - auch ich bin mit einer jungen Dame aus dem Inselreich verheiratet - darf ich Ihnen sagen, daß Sie überwältigt sein werden. Von allen Männern, die bisher frustriert zu uns kamen, und die nun glücklich und zufrieden mit einer philippinischen Partnerin sind,- würde keiner mehr mit einer anderen Frau tauschen.

Nun, - spricht das nicht für sich?

Also: Warum noch länger allein sein ? Warum noch weiterhin Ihr Geld in meist nutzlose Anzeigen stecken? Rufen Sie uns noch heute an und vereinbaren Sie ein unverbindliches und kostenloses Informations-Gespräch. Wir können Ihnen helfen, auch Ihre Traumfrau zu finden. Das wissen wir genau - und das garantieren wir Ihnen auch.

Denken Sie einmal darüber nach.

Mit freundlichen Grüßen

Institut F&S
Intern.seriöse Partner - Vermittlung

[redacted]

Frauen organisieren sich

Proteste gegen Sextouristen am Flughafen in Bangkok, Thailand

S.T.O.P.

STOP TRAFFICKING OF PHILIPPINAS

S.t.o.p. ist ein Zusammenschluß von 19 Regierungs- und Nicht-Regierungsorganisationen, die durch Aktionen und Informationen gegen die Ausbeutung von Frauen, Kinderprostitution und Pornographie, gegen sexuelle Folter z.B. durch Militärs oder sexuelle Gewalt gegen Frauen am Arbeitsplatz sowie gegen die Praktiken der Anwerber arbeiten. Sie verteilen u.a. Handzettel mit folgendem Wortlaut:

Achtung !

1.) Klären Sie junge Mädchen und ihre Eltern in den ländlichen Gebieten auf und warnen Sie sie vor Fallen bei der Migration in die Stadt und der Arbeit im Ausland.
2.) Finden Sie heraus, wer die Anwerber sind und warnen Sie die Leute vor ihnen.
3.) Warnen Sie vor fragwürdigen Brieffreundschaften, Heiratsbüros und Auslandsangeboten.
4.) Führen Sie Seminare mit Gruppen und Organisationen durch, um die Verpflichtung für konkrete Kampagnenaktivität anzuregen.
STOP. Dieses Zeichen bedeutet, Mädchen davon abzuhalten, in die Hände von illegalen und skrupellosen Anwerbern zu fallen, die sexuelle Ausbeutung zu stoppen, Pornographie zu unterbinden.
1) Stoppt, daß Mädchen in die Hände von Schleppern und Anwerbern in ihrem Herkunftsort oder bei der Ankunft am Pier oder der Busstation fallen.
2) Stoppt Handlungen von Zuhältern, Bordellbesitzern und Managern, die sexuellen Mißbrauch fördern.
3) Stoppt Vergewaltigung und sexuelle Mißhandlung durch das Militär in Lagern oder Haftanstalten.
4) Stoppt die sexuelle Ausbeutung unserer Frauen durch Ausländer — US-Militärs und Touristen.
5) Stoppt Geschäftsleute — ausländische und einheimische — daran, die Finanziers und Nutznießer der Sexindustrie zu sein.
6) Stoppt sexuelle Belästigungen in Fabriken und Büros.
7) Stoppt die Ausbeutung von Frauenkörpern in den Medien, besonders in Mädchenmagazinen, in Pornographie und Werbung.
GO. Dieses Signal leuchtet für Mitgliederorganisationen, die bereit sind, Frauen aufzunehmen, die den „Fleischhandel'" verlassen wollen. Diese Einrichtungen können alternative Wege anbieten sowie Seminare für die Frauen, die noch über ihre Entscheidung nachdenken.
1) Schafft alternative ökonomische Beschäftigungsmöglichkeiten.
2) Richtet einen Kredit- oder Stipendienfond ein.
3) Vermittelt an Einrichtungen, die präventive Aufklärungsprogramme durchführen.
4) Entwickelt und fordert strengere Gesetze, die die Ausbeuter und Schänder von Frauen sowie die Nutznießer und Beschützer des Geschäfts bestrafen.
5) Bildet Netzwerke mit einheimischen und internationalen Gruppen.

aus: Deutsche Stiftung für Internationale Entwicklung (DSE): Towards Progress in Women's Rights and Social Status in Developing Countries. Edited and introduced by Claudia von Braunmühl. Berlin 1989, S. 186-187. Übersetzung: U.Merk

„This is us"

„This is us" ist eine Theatergruppe aus Prostituierten und Barfrauen aus Bangkok. „Rung Lang Fon" (Der Regenbogen nach dem Sturm) ist ihr zweites Stück und hatte am 29.8.1988 Premiere. Die Gruppe ist Teil vom „Empower", einer Prostituierten-Selbsthilfe-Organisation in Thailand

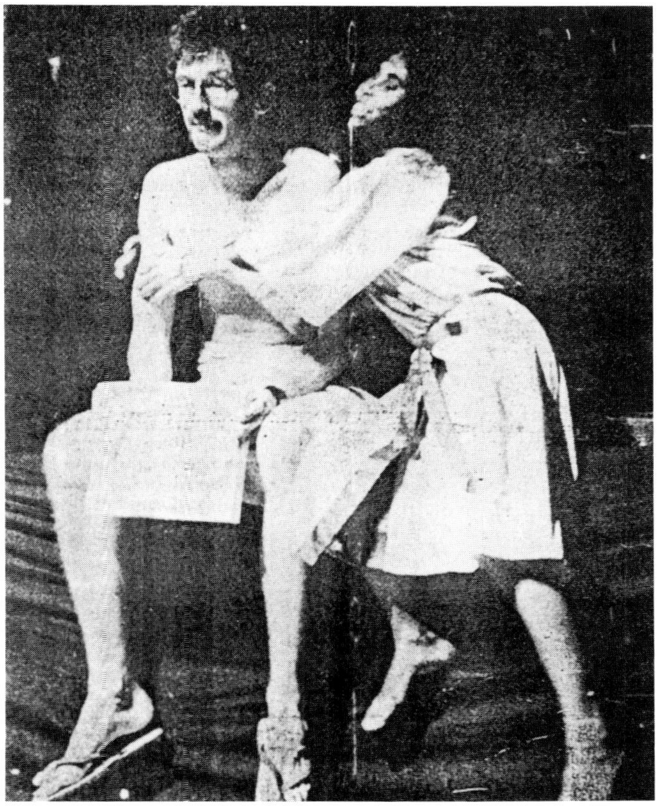

Szene: Prostituierte versucht Kunden zu überzeugen, ein Kondom zu benutzen

Szene aus dem Theaterstück

Geschäfte und Protest

Im lukrativen Geschäft mit der Armut von Frauen der „Dritten Welt" spielt die Stadt Frankfurt als Zentrum eines wirtschaftlichen Ballungsgebietes eine wichtige Rolle. Etliche in Frankfurt ansässige Flug- und Reiseunternehmen bieten mehr oder weniger offen Sextourismus-Reisen an. Als Abreise- und Ankunftsflughafen westdeutscher Sextouristen sowie als Haupteinreisestelle nach Westeuropa ist Frankfurts internationaler Rhein-Main-Flughafen von besonderer Bedeutung. Deshalb führen Gruppen wie die „Arbeitsgemeinschaft gegen sexuelle und rassistische Ausbeutung" (agisra e.V.) hier öffentliche Aktionen und Informationstage gegen Sextourismus und Frauenhandel durch. In Frankfurter Tageszeitungen finden sich Inserate von Heiratsvermittlern, die ausländische Frauen anbieten. Diese Unternehmen sind in und um Frankfurt sowie im gesamten Rhein-Main-Gebiet ansässig. Günter Menger, der größte Heiratshändler in der BRD, betreibt sein Geschäft von einem Ort ca. 30 km südlich von Frankfurt aus und bringt nach eigenen Angaben täglich eine Asiatin „an den Mann" (Frankfurter Rundschau vom 23.9.1987: „Bei Nichtgefallen wird die gekaufte Braut umgetauscht").

In Frankfurt selbst existiert seit Jahren ein organisierter Menschenhandel mit Frauen. So werden z.B. „importierte" thailändische Prostituierte für mehrere tausend DM an deutsche Bar- und Bordellbesitzer „vermietet". Eine thailändische Prostituierte bringt ihrem Besitzer im Monat mindestens 12000 DM. 1988 ist die Frankfurter Polizei einem Menschenhandel von ungeahntem Ausmaß auf die Spur gekommen, bei dem Filipinas als „Hausangestellte" und Prostituierte nach Italien verschleppt werden sollten. (Frankfurter Rundschau v. 3.6.1988: „Menschenhandel nimmt große Dimensionen an".) Als mit einer neuen Sperrgebietsverordnung

Frankfurt am Main

die Prostitution weitgehend aus dem Frankfurter Bahnhofsviertel vertrieben werden sollte, verschärfte sich auch die Konkurrenz zwischen deutschen und ausländischen Prostituierten um Verdienstmöglichkeiten.

Durch mehr Informationen über die Lebensbedingungen ausländischer Prostituierter versucht die „HWG” (Huren wehren sich gemeinsam), ein „Verein zur Förderung der Information und Kommunikation zwischen weiblichen Prostituierten”, bessere Kontakte und Solidarität zwischen Deutschen und Ausländerinnen herzustellen. Durch Information, Beratung, Sprachkurse, Öffentlichkeitsarbeit versuchen weitere Gruppen und Initiativen, wie z.B. die Interessensgemeinschaft der mit Ausländern verheirateten Frauen (IAF) oder die Ökumenische Asiengruppe betroffene Frauen zu unterstützen und vor allem öffentliches Problembewußtsein für die ökonomischen und sozialen Ursachen einer frauenfeindlichen und rassistischen Ideologie zu schaffen, welche die Ausbeutung und Erniedrigung von Frauen der „Dritten Welt” durch Sextourismus und Heiratshandel erst möglich macht.

Moralische Bewertungen und falsche Empörungen über Frauen, die als Prostituierte arbeiten, sind nicht angebracht. Die Verzweiflung, die Frauen manchmal dazu bringt, ihren Körper zu verkaufen, kann in den scheinbaren Wohlstandsgesellschaften kaum nachvollzogen werden. Oft kann eine „gutgemeinte”, aber schlecht gemachte Aufklärung nur neue Klischees und Vorurteile schaffen, statt endlich Offenheit und Solidarität zwischen Frauen herzustellen. Ausländische Frauen sind aus vielfältigen Gründen in der BRD. Alle Gründe haben ihre Berechtigung. Wir können dann solidarisch sein, wenn wir uns gegenseitig unterstützen, unsere Interessen durchzusetzen. ■

Literatur

Quellen:

BRD und 3. Welt, Nr. 30/10/86, Hg. agisra

Lipka, Susanne: Das käufliche Glück in Südostasien. Münster 1985 IZ3W, Nr. 148, Apr. 1988

Women's Information Centre, Kham Laa Broschüre, Bangkok 1988

Frankfurter Rundschau vom 21.11.1989

Literaturhinweise

Über die nationalen und internationalen sozio-ökonomischen Rahmenbedingungen in verschiedenen Ländern der sogenannten Dritten Welt sowie Möglichkeiten, aktiv zu werden, informiert:

Renschler, Regula (Hg): Ware Liebe. Sextourismus, Prostitution, Frauenhandel. Wuppertal 1987

Über Entstehung und Folgen des Sextourismus, die Geschäfte der Heiratshändler und Schicksale „gekaufter" Frauen informieren:

ZEB (Zentrum für entwicklungsbezogene Bildung, Hg.): Tourismus — Prostitution — Entwicklung. Dokumente, Stuttgart 1983, 2. Aufl.

agisra (Hg.): Sextourismus und Frauenhandel. 1987

Broschürenreihe „BRD und Dritte Welt", hg. von R. Pohl, Bd. 30, Heft 10/86, Kiel

VIA — Magazin 3, 1986, „Frau als Ware. Frauenhandel, Zwangsehe, Scheinehe" (Hg. Verband der Initiativgruppen in der Ausländerarbeit e.V.)

Skrobanek, Siriporn: The Transnational Sexploitation of Thai Women. In: Peripherie 13, 4. Jg., 4-12, 1983

Zur Situation von thailändischen Prostituierten in der BRD vgl.:

Sereewat, Sudarat, Project „In Support of Thai Women in FRG". A Report after Six Months Work, Frankfurt 1985

Zu den Hintergründen der Prostitution und des Frauenhandels mit Philippinas sowie Informationen über Beratungsstellen und Frauengruppen in der BRD, die Öffentlichkeitsarbeit durchführen:

TraumHaft — Sextourismus und Frauenhandel am Beispiel der Philippinen — Aktionen, Hilfe und Beratung. Hrsg. und Bezug: Kirchenkreis Koblenz Superintendentur, Mainzerstr. 81, 5400 Koblenz

Neben einem geschichtlichen Abriß des Frauenhandels werden rechtliche und politische Aspekte, Formen des Heiratsmarktes, Bedingungen der Beratungsstellen aufgearbeitet in:

Tübinger Projektgruppe Frauenhandel (Hg): Frauenhandel in Deutschland. Bonn 1989

Philippinische Frauen erzählen über ihr Leben und Arbeiten und ihren Widerstand:
Wynne, Alison: Keine Zeit für Tränen — Philippinische Frauen erzählen. Frankfurt 1980, Bezug: Aktionsgruppe Philippinen e.V., Postfach 32, 5444 Polch

Zusammenstellung dieses Beitrags:

Usche Merk, Ronald Filkas, Brigitte Banck-Salzer, Eva Pelkner, Hildegard Schürings

EIN PROJEKT ENTSTEHT NICHT AUS DEM NICHTS

Zwei Hände, ein Gehirn, viele Fähigkeiten

Als ich klein war, habe ich mir eine Puppe gewünscht.
Aber ich habe sie nicht gehabt, und ich wußte nicht warum.

Als ich jung war, habe ich mir gewünscht,
einmal im Monat ins Kino zu gehen.
Ich konnte es nicht,
aber ich wußte, daß wir arm waren.

Als ich Studentin war,
habe ich mir gar nichts mehr gewünscht.
Und jetzt, jetzt lebe ich nicht mehr wie damals,
aber ich weiß, daß man mich beraubt
und alles gestohlen und weggenommen hat:
meine Vergangenheit, meine Gegenwart und meine Zukunft.

Ich habe wie alle anderen
zwei Hände, ein Gehirn und viele Fähigkeiten;
trotzdem hat man mir alles geraubt.

Zwischendurch Blues

Möchte am Fenster
meines Hinterhofzimmers liegen,
in der bleichen Frankfurter Sonne,
und „extrabreit" hören,
die aus irgendeiner Ecke dröhnen.
Stattdessen
sitze ich gebeugt über der Schreibmaschine
und brüte über die Frauen,
die Frauen aus Ländern der „Dritten Welt",
hier in Frankfurt
weit weg
und doch schmerzlich nah.
Ich werde ihnen nicht gerecht.

(nach: Wir sind die Ameisen der Bewegung, Rose Gauger, Hrsg.)

Das patriarchale Prinzip

... Das Wetter ist, toll, warm, heiß sogar. Die Sonne scheint, das macht meine Ideen warm. Trotzdem weiß ich noch nicht, was ich schreiben kann und wie ich schreiben kann: Warum bin ich in dieser Frauengruppe und in diesem Projekt?

... Das patriarchale Prinzip basiert darauf, daß den Frauen keine Achtung gegeben wird. Die Frauen sind so trainiert ... daß sie sich die Beteiligung am gesellschaftlichen Leben normalerweise nicht erkämpfen ... Über eine Sache bin ich sicher: ich glaube an die weibliche Kraft und ich glaube auch, daß viele Frauen in der Vergangenheit für uns den Weg vorbereitet haben, indem sie gegen Unterdrückung gekämpft haben ...

Wer kann in dieser Welt mit ihrem Ungleichgewicht/Chaos noch etwas tun? Es wird mir immer klarer, daß nur Frauen etwas tun können!

Eine Utopie

Warum?
Weil ich von einem Land komme, wo es viel Öl gibt?
Weil ich von einem Land komme, wo es viele Bodenschätze gibt?
Weil ich von einem Land komme, das geographisch und
strategisch für die Großmächte sehr wichtig ist?

Man hat mich beraubt.
Man hat mich beraubt und auch gleichzeitig bestraft.
Ich werde bestraft, indem meine Urgroßeltern, meine
Großeltern, meine Eltern und ich
und vielleicht meine Kinder
tagtäglich sehen, hören, lesen müssen,
daß unser Alles auf großen Schiffen nach Westen fließen muß,
damit Wohlstand und besseres Leben hier weitergehen.

Damit noch mehr Plastiktüten produziert werden.
Damit noch mehr Pepsi und Hamburger verkauft werden.
Damit dort, woher die Schiffe kommen
Dritte-Welt Länder
und im Westen Erste Länder
geschaffen werden.

Man hat uns beraubt.
Man hat mich beraubt.
Und ich habe weder hier noch in meinem Land
eine Gegenwart noch eine Zukunft.

Aber ich habe immer noch Hoffnung in der Hoffnungslosigkeit.
Eine Utopie.
Eine Utopie haben ist besser als gar keine.
Weil es wird anders werden.
Weil wir wie alle anderen
zwei Hände, ein Gehirn und viele Fähigkeiten haben.
Es wird anders werden.

(Irandokht Schahbakhshi, Herbst 1986)

Im Sommersemester 1985 organisierten die Frauen aus dem ersten Aufbaustudiengang „Pädagogik: ‚Dritte Welt'" ein Wochenendseminar zum Thema „Macht Arbeit frei? — Frauenarbeit in Lateinamerika" und erstellten dazu eine Dokumentation.

„ ... Daß und wie dieses Seminar zustande kam, hat auch etwas mit Frauenarbeit in der Bundesrepublik zu tun. Denn an unserem Institut gibt es unter acht bezahlten Lehrenden eine Frau ... mit einer halben wissenschaftlichen Mitarbeiterstelle. Demnach ist (ihr) Seminar auch das einzige, das sich mit den Problemen, Schwierigkeiten und Möglichkeiten beschäftigt, die im Zuge von Modernisierungsprozessen und Entwicklungsprojekten auf Frauen in den ‚Dritte-Welt'-Ländern zukommen.

Als Abhilfe haben wir — die Studentinnen des Studiengangs zusammen mit Hildegard — dieses Wochenende geplant. Für die Referentinnen bekamen wir Geld für bescheidene Honorare und Fahrtkosten von der Universität Frankfurt. Alles andere — Anträgestellen, Bürokratie- und Gremiengänge, Verhandlungen, Veröffentlichungen, inhaltliche und organisatorische Planung, Durchführung, Aufräumen und die Erstellung der Dokumentation, wird ... in unbezahlten Arbeitsstunden geleistet."

Im Laufe des Winters 1985 und Frühjahrs 1986 arbeiteten einige dieser Frauen zusammen mit Frauen aus dem zweiten Aufbaustudiengang an der Idee zu einem Projekt: Frauen und „Dritte Welt" in Frankfurt. Dem ging die Erkenntnis voraus, daß die „Dritte Welt" auch in Frankfurt präsent und für uns erfahrbar ist.

... und das Bewußtsein, daß die „Dritte Welt" ja gar nicht irgendwo in der Ferne angesiedelt ist. Täglich sehe ich Menschen aus diesen Ländern und nehme sie nicht wahr. Warum beschäftige ich mich mit dieser Ferne, die für mich politisch noch immer sehr wichtig ist, aber übersehe einen Teil der eigenen gesellschaftlichen Situation? Interkulturelle Kommunikation und wissenschaftliches Nachdenken, aber dabei die konkreten Möglichkeiten nicht ergreifen? Interkulturelle Kommunikation findet offensichtlich nicht schon dadurch statt, daß 25% der BürgerInnen einer Stadt als Ausländer gezählt werden und neben mir leben.

Aus welchen Motiven und Zwängen sind diese Mitmenschen hier, warum organisieren sie sich, welche Interessen haben die Gruppen und Institutionen, die sich mit der „Dritten Welt" beschäftigen? Welchen Anteil tragen die Beteiligten?

Warum aber gerade Frauen?

... Als Frau interessiert mich dabei speziell die Situation der Frauen. In gemeinsamer Auseinandersetzung und Arbeit sehe ich eine Möglichkeit, die Zusammenhänge zwischen der „Ersten" und der „Dritten Welt" bewußt zu machen, unsere spezifische Betroffenheit als Frauen zu erkennen und eventuell zu gemeinsamem, veränderndem Handeln zu gelangen.

Nur ein langfristig angelegtes Projekt bietet m. E. die Chance für sinnvolle Lernprozesse und Handlungsperspektiven, vor allem angesichts der Komplexität dieses Themas ...

... Zu einem sogenannten „Aha-Erlebnis" und einem roten Faden in meinem Pädagogik-Studium wurden für mich die „Frauenthemen", die in immer mehr Seminaren einen Schwerpunkt bildeten. Mich mit einem Thema aus dem Blickwinkel von Frauen auseinanderzusetzen bedeutete, mich als Person miteinzubringen, mir der besonderen gesellschaftlichen Rolle als Frau bewußt zu werden.

Für uns Frauen gibt es meiner Ansicht nach noch viel zu tun. Wir sollen unsere Fragen, Diskussionen, Erkenntnisse, Aktivitäten zu einer grundlegenden Veränderung der Situation von Frauen in der Gesellschaft und zu einer neuen Gesellschaftsordnung überhaupt führen. Dabei gehe ich davon aus, daß wir als Frauen selber unsere besten Expertinnen darstellen.

... Ich fand mich langsam im Universitätsbetrieb zurecht. Gleichzeitig begann ich mich außerhalb der Universität im Bereich der „Frauenarbeit" zu engagieren. Eines meiner Motive dafür war auch die Hoffnung, dadurch herauszufinden, inwieweit meine Probleme mit der Institution Universität mein „individuelles Verschulden" waren, oder ob sie nicht vielleicht durch den autoritären „männlichen" Charakter des Universitätsbetriebs provoziert sein könnten. Heute glaube ich, daß es sich um ein allgemeines Problem handelt und viele Studentinnen und besonders die Ausländerinnen unter ihnen betrifft ...

...

... Seitdem ich mit 17 Jahren zufällig in eine Frauengruppe gestolpert bin, haben mich die Frauen und ihre sogenannten „Frauenprobleme" nicht mehr losgelassen.
Die Frauen aus den fernen Ländern haben mich damals nicht interessiert. Über Kopftücher, ausländische Machos und Polygamiegeschichten bekam ich nebenher den Eindruck, daß es ihnen wohl ganz besonders schlecht gehen mußte und sie leider keine so schöne Frauenbewegung wie wir hatten.

...

„Spielende Mädchen" (Foto: Wolfgang Krolow)

... Als ich mit Frauen arbeitete, die den Bau der Startbahn West verhindern wollten und miterleben konnte, wozu sie zusammen fähig sind, solange sie zusammen bleiben, lernte ich, wie zuweilen Kompliziertes einfach sein kann. Und witzig ... Es gibt viel zu verändern. An der eigenen Geschichte wirken, hat etwas mit der Aneignung der eigenen Würde zu tun.

...

... Irgendwie hat mich die FRAU in der Vielfältigkeit ihrer Ausdrucksweise, ihrer größeren Friedfertigkeit, der einfachen Humanität, die nichts weiter wollte, einfach: den mannigfachen Fähigkeiten, die ihr innewohnten, schon als kleines Mädchen fasziniert und angezogen. Dazu kommt, daß ich in meiner Kindheit schon sehr starke Frauen erlebte, die ich bewunderte, die ihr Leben gezwungenermaßen (ohne eigenen Willen dazu) allein leben mußten; sie meisterten bravourmäßig die vielen Dinge des Lebens. Und dann die Männer, die im Zweifelsfall über sie bestimmen konnten. Logisch erklärbar waren diese Verhaltensmechanismen für mich nicht, aber es war nun mal so — und die Frau fügte sich drein ... Diese ganze innere Spannung zwischen Mann und Frau evozierte in mir ein ständig weitergehendes Interesse für die Belange der Frau.

...

Für uns war es von Anfang an klar, daß wir den Anforderungen unseres Vorhabens nicht gerecht werden können, wenn wir es auf einer rein „wissenschaftlichen" Ebene (wie üblich) belassen, wir wußten, daß es notwendig ist, einen Bezug zu uns selbst herstellen zu können.
... Dazu gehören zum Beispiel meine Erfahrungen an der Uni. Dort werden „Frauenbelange", wenn überhaupt, dann nur am Rande behandelt. Das entspricht zumindest meinem Eindruck von Lateinamerikanistik. Die Inhalte, mit denen wir uns beschäftigen (z.B. Geschichte, Literatur und Sprache), spiegeln sehr häufig eine Männerkultur wieder, die Situation der Frauen in diesen Ländern wird einfach unterschlagen, so als hätten die Frauen innerhalb der Kultur keinen Ausdruck gefunden. Diesen Ausdruck zu finden, sowohl in diesen Ländern oder anderen Ländern der sogenannten Dritten Welt, als auch hier, finde ich sehr wichtig. Dieses Interesse geht auch dahin, innerhalb der Uni, die ja zu einem großen Teil das Feld absteckt, in dem ich mich bewege, eine selbstbestimmte Arbeit machen zu können. Diese Arbeit sollte auch mehr an der Praxis orientiert sein, was meine eigene Lebenspraxis einschließt, und mir die Möglichkeit bieten, dadurch zu lernen. Vielleicht ist das mit Frauen zusammen etwas leichter. Was bleibt frau denn schlußendlich auch anderes übrig, als sich eine Sichtweise von Frauen zu eigen zu machen und auf diese Weise einen Standpunkt zu beziehen?

...

... Eines Tages verließ ich das Haus meines Vaters (es war eigentlich immer sein Haus, da war meine Mutti erst ein Ersatzteil, und mehr nicht), um meinen eigenen Weg zu suchen. Auf der Spur nach sozialer und politischer Gerechtigkeit hatte ich mich auf die Seite des Kampfes für die ideale Gesellschaft gestellt.

Inzwischen lernte ich Frauen kennen, die an der Spitze der sogenannten brasilianischen Frauenbewegung waren. Die Reden, die diese Damen damals hielten, waren ein Mischmasch über berufliche Selbständigkeit, richtige Besetzung des Körpers, und — obwohl die brasilianische Gesellschaft sich in einem kritischen politischen, sozialen und kulturellen Moment befand — was sie redeten, traf in der Praxis nicht zu ...

... aber dann stieß ich auf das Aufbaustudium und seine Truppe, die Frauengruppe und das Frauenprojekt. Nach zehn Minuten Unterhaltung mit der Leiterin der Gruppe war ich ängstlich und neugierig. In meinem Kopf drehte sich die Erinnerung an die emanzipatorischen Forderungen der europäischen Frauen und an die soziale, politische und kulturelle, kolonialisierte Wirklichkeit der Frauen, die wie ich in einem politisch-wirtschaftlich unterentwickelten Land lebten. Dazu kam die ideologische Leidenschaft und die Verzweiflung, sich europäisieren zu lassen. Ich traute mich nicht, an dieser Frauengruppe teilzunehmen. Und gleichzeitig wollte ich wissen, was eigentlich die europäischen oder europäisierten Weiber in Bezug auf die Frauen der „Dritten Welt" vorhatten. Mir war klar, daß ich die Beziehungen zu Frauen abgeschafft hatte, und wenn ich sie wieder aufbauen wollte, daß ich von vorne anfangen mußte. Ich dachte an meine Mutti — ihr Mann ist inzwischen gestorben und sie fängt langsam an, sich als Frau zu denken. Ich entschied mich, an der Frauengruppe teilzunehmen. Und auch in meine Zukunft zurückzukehren.

Woher die Fragen kommen

In den Diskussionen, die wir bisher führten, kamen eine ganze Reihe sehr unterschiedlicher Voraussetzungen, Ansätze, Motivationen zum Ausdruck. So lernten wir uns kennen und erfuhren etwas von der Geschichte der anderen. Vor allem waren wir mit einem Berg von Fragen konfrontiert:

Wie sieht der Frauenalltag in anderen Ländern aus, was ist speziell in den Ländern und Kulturen? Unterscheiden sich Frauenleben in Ländern der sogenannten Ersten Welt von Frauenleben in Ländern der sogenannten Dritten Welt grundsätzlich? Können wir lernen, uns zu begegnen — hier in Frankfurt, einer Stadt, in der Frauen aus Ländern der sogenannten Dritten Welt und Frauen aus Ländern der sogenannten Ersten Welt nebeneinander/miteinander mit ihren unterschiedlichen Erfahrungen leben? Können wir voneinander lernen, solidarisch sein und uns gemeinsam unsere Hälfte der Welt erobern, oder sprechen wir keine gemeinsame Sprache und bleibt uns nur die „Aussicht auf die bessere Hälfte des Himmels"?

...

... Während der viereinhalb Jahre Leben und Arbeiten in Rwanda ist mein bis dahin doch ziemlich festgefügtes Weltbild mächtig ins Wanken geraten. So manche, vermeintlich hier schon als kritisch gesehenen Werte und Normen wurden gänzlich in Frage gestellt. Ich konstatierte zunehmend mehr, daß ich nicht verstand ... Je mehr ich lernte, Neues erfuhr, desto unsicherer wurde ich. Menschliche Beziehungen können ganz anders, als von mir bisher erfahren, sein. Frauen und Männer können auch ganz andere Interessen, Arbeitsformen, Lebensperspektiven haben... In unendlich vielen Bereichen habe ich Neues erfahren, glaubte, manches verlernt zu haben ... Ja, ich habe auch mit Frauen (zusammen-)gearbeitet, aber nicht in einem „Frauenprojekt", es waren bäuerliche Familien, die ihr tägliches Überleben organisieren müssen. Aber — die „Dritte Welt" gibt es nicht. Punkt!

Schlüsselerfahrung

Irgendwann in dieser Zeit — Herbst 1980 — kam Nawal el Saadawi, eine ägyptische Feministin, zu einem Vortrag über „Frauenbefreiung in Ägypten" nach Antwerpen (dort lebte ich damals).
Es gab eine heftige Diskussion, fast Streit, mit holländischen Feministinnen. Es ging über

das Verhältnis von Frauenbewegung und Klassen/Befreiungskampf, über die Autonomie der Frauenbewegung und ihres klassenübergreifenden Anspruchs, über die Zusammenarbeit mit progressiven/männlichen Kräften. Und ob nun die Situation in Ägypten ganz anders ist als hier oder nicht.

Die Holländerinnen bestanden darauf, daß El Saadawi und die Frauen in Ägypten sich einfach immer noch von Männern einlullen lassen würden, und Nawal el Saadawi betonte immer wieder die andere Situation, die neokoloniale Abhängigkeit, die soziale Situation, die andere Kultur und wies auf die historische und geographische Gebundenheit der feministischen Argumentation an die westlich bürgerlichen, abendländischen, imperialistischen Staaten hin. Eigentlich hatten die Holländerinnen meine Position vertreten, aber mir gefiel nicht ihre Arroganz und Selbstgefälligkeit, mit der sie diese vertraten, und mich beeindruckte die Ruhe und Gelassenheit von Nawal el Saadawi. Für die Holländerinnen schien es einfach klar zu sein, daß die Ägypterinnen noch nicht so weit waren wie wir. Und wenn sie doch so weit waren und trotzdem andere Schlüsse daraus zogen?
Mein kulturspezifischer Versuch, die Dinge einzuordnen, um sie zuverstehen, versagte. Von da an war ich verwirrt, unsicher und mißtrauisch geworden. Und vor allem neugierig.

... in der Vergangenheit habe ich die Intention der Gruppe nicht verstanden, weil ich die deutsche Sprache nicht gut konnte. Trotzdem bin ich geblieben, weil ich gespürt habe, daß sich etwas positiv entwickeln kann. Heute kann ich euch besser verstehen, was ihr sprecht und was wir Frauen von diesem Projekt wollen.

Anspruch und Praxis

Aufgrund dieser so verschiedenen Vorgeschichten entstand eine Auseinandersetzung um unser Selbstverständnis als Gruppe. Die Leidenschaft, mit der wir diese Auseinandersetzung führten (führen wir immer noch), findet auch ihren Niederschlag in der Praxis:

... Wir haben lange gesprochen, heiß, aggressiv, sanft, intensiv, sich einlassend, abwehrend ... über uns, unsere Motivation, in diesem „Projekt" zu arbeiten, in einer Frauengruppe zu arbeiten. Ich kann diese Diskussion hier nicht wiedergeben, sie wäre auf jeden Fall verzerrt, unvollständig, mißverstanden usw. Daher nur weniges, es waren die eigenen Erfahrungen, das Bereitsein, seine Standpunkte offenzulegen, die unterschiedlichen Geschichten, die Beziehungen zu Frauen und Männern, das Annehmen und Abweisen von Etiketten, Definition von Feministin, die Identifikation mit der Opferrolle, der Wunsch zu lernen und etwas beitragen zu können, das Einander-in-der-Gruppe-akzeptieren und die Unvermeidlichkeit von Mißverständissen, die Wichtigkeit des Nachfragens, Ehrlichkeit und Unehrlichkeit. Ich denke noch immer darüber nach, was wir dort alles angesprochen haben, und will es hier nicht weiter auf „schwarz-weiß" reduzieren.
(Aus dem Protokoll vom Gruppentreffen am 3.9.1986)

Währenddessen entwickelten wir gleichzeitig eine ganze Reihe von Aktivitäten, denen wir als Teile des Projektes in kleineren Gruppen zu zweit und zu dritt nachgingen.
Eine Gruppe bemühte sich darum, Materialien für eine Bibliographie zum Thema „Frauen aus Ländern der ‚Dritten Welt' in der Bundesrepublik" zu sammeln. Eine zweite diskutierte

"circus people" (1930, Foto: August Sander)

ein Konzept zur Studienberatung für ausländische Studentinnen, lud Frauen dazu ein, die damit Erfahrungen hatten und begann, an einer statistischen Erhebung über Studentinnen an der Frankfurter Universität zu arbeiten:

... Mit der Beratungsstelle an der Universität Frankfurt/Main machte ich zudem leider auch nur schlechte Erfahrungen. Als ich einmal meinen ganzen Mut zusammengenommen hatte — im 2. Semester — und dem Berater für ausländische Studenten den Wunsch nach einem Fachwechsel vortrug, reagierte dieser sehr aggressiv und warf mir vor, so wie viele ausländische Studenten nicht zu wissen, was ich machen wollte und nur dem Steuerzahler auf der Tasche zu liegen. Ich bekam einen Schock und suchte daraufhin nie wieder eine Beratungsstelle auf.

...

... Heute bin ich zufrieden ... weil mir die konkrete Möglichkeit der Beratung für ausländische Studentinnen sehr gefällt. Meine Beratung war und ist immer außerhalb der Universität, aber ich weiß: Es gibt viele Studentinnen aus verschiedenen Ländern, die keine gute Beratung, Orientierung oder Hilfe finden können, und ich bin froh, dabei zu sein ...

...

Einige besuchten Seminare, Kongresse, Organisationen, um Kontakte zu knüpfen und uns langsam in die bestehenden Diskussionen hineinzuführen.

Um finanzielle Unterstützung zu finden, bildete sich auch eine Arbeitsgruppe, die eine ganze Reihe von Anträgen stellte. Inzwischen haben wir viele Lob-Briefe in unserem Aktenordner, aber wenig Geld auf unserem Konto gesammelt. Trotzdem beschlossen wir weiterzumachen, denn wir sind nicht nur neugierige und ideenreiche Frauen, sondern auch noch ehrgeizige.

Es kommt uns darauf an, viele Frauen kennenzulernen und dabei zu entdecken, wo unsere Unterschiede und unsere Gemeinsamkeiten liegen, was uns voneinander trennt und was wir füreinander noch tun können. Zentral aber bleibt, daß wir unsere Arbeit gesellschaftlich verantworten müssen und daß wir für neues Denken offen bleiben ...

An moralischen Appellen zur Solidarität ist kein Mangel, indessen diese verändern die Welt nicht. Unser Handeln gilt einer gemeinsamen anderen Praxis.

Solidarität: Viele Türen und viele kleine Schritte

... leider haben viele Männer innerhalb der Solidaritätsbewegung relativ wenig Interesse und Verstand für die Situation der Frauen dort. Auch innerhalb der Frauenbewegung hier gibt es einige konfliktreiche Momente in Bezug auf die Frauenbewegung in Ländern der „Dritten Welt". Für mich wäre es deshalb wichtig, das Leben ausländischer Frauen in ihren Ländern und hier besser begreifen zu lernen, wodurch wir uns vielleicht von einigen Projektionen befreien können, und sehen, was uns gemeinsam ist.

... Aufgrund all dieser Erlebnisse und meines persönlichen Leidens an der Universität habe ich mich in den letzten Jahren darum bemüht, mich besonders für die Probleme der Frauen ...einzusetzen ... Doch natürlich kann man/frau das nicht alleine realisieren. Daher ... hoffe (ich), daß es unserem gemeinsamen Engagement gelingen wird, die vielen Verwirrungen und verlorenen Jahre ... die mich so gequält haben, für andere Frauen ... zu mildern.

... (ich kam) auf die Idee, daß die Befreiungsbewegungen die Frauen der mittleren Schichten nicht nur befriedigen, sondern auch befreien können ... mir war klar, daß ich die Beziehungen zu Frauen abgebrochen hatte ... und von vorne anfangen sollte. Ich dachte an meine Mutti ... Ich entschied mich ... in meine Zukunft zurückzukehren.

... Für uns Frauen gibt es ... noch viel zu tun. Wir müssen unsere Fragen, Diskussionen, Erkenntnisse, Aktivitäten zu einer grundlegenden Veränderung der Situation von Frauen in der Gesellschaft und zu einer neuen Gesellschaftsordnung überhaupt führen.

... Ich (weiß), daß ich „mit der Frauensache" — national und international — weitermachen will, daß dies mich vor allem interessiert, „betrifft" — persönlich, menschlich, politisch, theoretisch.

... ich will als Teil dieser Gesellschaft wissen, lernen, will sie kennenlernen, vielleicht haben wir gemeinsame Interessen, vielleicht auch nicht. Erst die Unterschiede, das Nicht-Verstehen akzeptieren, ermöglicht eine Basis für gemeinsames Leben und Kommunizieren ... Warum dann Frauen? Weil ich Frau bin und aus eigener Erfahrung um die Schwierigkeit des Frauseins weiß, weil ich solidarisch sein will, weil ich die Interessen der Frauen unterstützen will, soweit ich dies politisch, moralisch vertreten kann, und weil ich als Frau so egoistisch bin, Neues lernen zu wollen, und vielleicht auch etwas geben kann.

... Als ich ein Kind war, lernte ich, daß jedem und jeder das Recht auf Leben, Freiheit und das Streben nach dem Glück zusteht... als ich groß war, verließ ich mein Land auf der Suche nach dem Glück, weil mir vieles dort nicht gefiel ... die Schwarzen gingen auf die Straßen meiner Heimatstadt, um sich diese Rechte zu holen ... die Studenten und Studentinnen gingen auf die Straßen der Welt, um diese Rechte zunächst für die arme Bevölkerung Vietnams aber auch für die arme Bevölkerung der Welt zu fordern ... die Frauen gingen auf die Straßen Europas, für sich diese Rechte zu fordern ... so entstehen Lebensthemen: Leben in einem fremden Land, Rassismus, Sexismus, Klassenherrschaft. Gut, ich fange bei mir selbst an. Das trägt aber nicht sehr weit. Wie halten es die anderen Frauen?

... Können wir voneinander lernen, solidarisch sein und uns gemeinsam unsere Hälfte der Welt erobern, oder sprechen wir keine gemeinsame Sprache und bleibt uns nur die „Aussicht auf die bessere Hälfte des Himmels"?

... ich bin überzeugt davon, daß Solidarität die Zärtlichkeit unter Fremden ist, die sich einander verwandt fühlen. Ich lerne immer mehr, mich Fremden verwandt zu fühlen.

... Ich bin auch dabei, weil ich es liebe, Frau zu sein und liebe Frauen (natürlich nicht alle) ... O processo de conscientizaçao oder der Prozeß der Bewußtmachung über die Situation der Frauen (auch alle Entwicklungsprozesse) ist irreversibel für mich! Das ist ein ständiger und ewiger Prozeß: es ist ein Teil von meinem Alltag. Ein Prozeß, der alles gibt: Sicherheit, Zweifel, Mut, Angst, Lächeln, Tränen, Ruhe, Störung, Glück, Traurigkeit ... ein Prozeß, der verursacht, „einfach Frau/Mensch" zu sein/werden. Ich bin auch sicher, wenn ich meine Ruhe/Kraft erhalten will und etwas Konkretes als Frau realisieren will, ich muß an der Situation in der Welt anteilnehmen/partizipieren und mit anderen Frauen zusammen gegen Unterdrückung vorgehen. Ich kann nichts allein realisieren, sondern nur die Frauen gemeinsam können eine bessere Welt bauen.

Ines Franke de Rivas, Priscilla Harris Brosig, Ute Heckroth, Angelika Heinemann, Usche Merk, Jaqueline Moraes Varjâo, Dorothée Oehm-Häneke, Mara Rúbia de Andrade, Irandokht Schahbakhshi, Hildegard Schürings

Frauengruppen in Frankfurt

agisra e.V.
Arbeitsgemeinschaft gegen internationale sexuelle und rassistische Ausbeutung
Mainzer Landstraße 147
6000 Frankfurt 1
Tel.: 069 - 73 92 152

Informations- und Bildungsarbeit zu Sextourismus, Frauenhandel, Frauenkauf. Woher kommt in unserer „zivilisierten" Gesellschaft die weitverbreitete Vorstellung, daß „Mann" sich eine Frau kaufen kann?
Welches Frauenbild liegt solchen Vorstellungen zugrunde?
Welche Mißstände und Defizite unserer Gesellschaft werden durch Sextourismus, Frauenhandel und Frauenkauf deutlich?
Beratung, Unterstützung, Kontakte zu Beratungsstellen in der „Dritten Welt."

Autonome Iranische Frauenbewegung im Ausland e.V.
Reuterweg 83
6000 Frankfurt 1
Tel.: 069 - 59 78 75

Informations- und Bildungsarbeit zu Gleichberechtigung der Frauen im Iran, gegen Frauendiskriminierung.
Zum Verein gehören ausländische und deutsche Frauen, vorwiegend aber Iranerinnen, die gegen die herrschende Unterdrückung und für Selbstbestimmung in ihrem Heimatland engagiert sind.
Der Verein fördert die gegenseitige Unterstützung und Solidarität unter deutschen und iranischen Frauen. Veranstaltungen, Kurse, Diskussionen, Rechtsberatung, Gesundheitsberatung, Studienberatung, Deutschkurse.

Frauenbegegnungsstätte Offenbach
Frankfurterstr. 63
Hinterhaus 3. Stock
6050 Offenbach
Tel.: 069 - 88 92 21

Seit 1985 gibt es die Frauenbegegnungs- und Bildungsstätte unter Trägerschaft der VHS Offenbach e.V. Die Idee für unsere Einrichtung entstand aus den seit 1983 angebotenen Deutschkursen für ausländische Frauen mit Kinderbetreuung. Unser Ziel ist es, für ausländische Frauen und Mädchen Bildungs- und Begegnungsmöglichkeiten zu schaffen, um

- Frauen aus verschiedenen Ländern kennenzulernen, mit ihnen ins Gespräch zu kommen und sich mit unterschiedlichen Lebensentwürfen auseinanderzusetzen,
- Wege aus einer isolierten Situation als Hausfrau und Mutter zufinden,
- Vertrauen in die eigene Lernfähigkeit zu ermöglichen, sich neu zu orientieren und zu qualifizieren,
- sich beruflich weiterzubilden, etc.

Durch ein gezieltes Kursangebot in den Bereichen Spracherwerb (Deutsch, Englisch, Französisch), Alfabetisierung, Nähen, Kochen, Gymnastik, Schwimmen, Aquarell, Schreibmaschine, Einführung in EDV, Gesprächskreis, Jazztanz u.a. versuchen wir, diesen Zielen Rechnung zu tragen. Begleitet wird das Angebot durch gezielte Einzel- und Gruppenberatung und durch Kinderbetreuung.

Internationales Familienzentrum e.V.
Internationaler Treff Bockenheim
Adalbertstr. 10 a und 14
6000 Frankfurt 90
Tel.: 069 - 70 30 84

Der Internationale Treff beansprucht ein Lernort zur Pflege eines freizeitorientierten Lebenstils im multikulturellen Sinne zu sein. Er ist offen für alle StadtteilbewohnerInnen und andere InteressentInnen, offen für Zusammenkünfte, Versammlungen, Feste, Feiern, für verschiedene gemeinsame Betätigungen.
U.a. werden für Frauen verschiedener Nationalitäten, Hausfrauen, Berufstätige oder Rentnerinnen, in handlungsorientiertem Unterricht Deutschkurse durchgeführt. Eine Kinderbetreuung ist gewährleistet. Die Frauen haben die Möglichkeit, sich intensiver kennenzulernen, sich über vieles auszutauschen. Kurse in Säuglingspflege, Schwangerschaftsgymnastik, die Stillgruppe, die „Strickrunde" und die Krabbelgruppe sind andere Angebote. Die Cafeteria ist täglich für alle von 14.00 bis 18.00 Uhr (donnerstags bis 21.00 Uhr) geöffnet. Weiterdem finden im Zentrum regelmäßig Feierlichkeiten (nationale, religiöse und Geburtstagsfeste), Bildungsangebote in Kursform sowie kulturelle Veranstaltungen statt.

Internationaler Studentinnentreff
Kontakte:
Mande Kaseva
Evangelische Studentengemeinde (ESG)
Tel.: 069 - 72 91 61
Ulrike Hammer
Katholische Hochschulgemeinde (KHG)
Tel.: 069 - 74 80 77
Regelmäßige Treffen: jeden zweiten Dienstag um 20 Uhr in der KHG, Beethovenstr. 28, 6000 Frankfurt 1

Wir sind eine internationale Gruppe von hier lebenden Studentinnen und Nicht-Studentinnen, die sich seit einigen Jahren während des Semesters zweiwöchentlich trifft. Die Treffen sind für alle interessierten Frauen offen.
Wir beschäftigen uns mit verschiedenen Fragen, die uns Frauen aus unterschiedlichen Kulturen betreffen. Durch sowohl Gespräche, in denen die eigenen Erfahrungen eingebracht und reflektiert werden können, wie auch Referate, Filme usw. über und von Frauen wollen wir versuchen, mehr Verständnis über einander und uns selbst zu erreichen.

Mutter-Kind-Beratungszentrum e.V. —
Interkultureller Treffpunkt für Frauen und Mädchen
Bergerstr. 211
6000 Frankfurt 60
Tel: 069 - 45 11 55

Angebote:
Beratung und Unterstützung bei sozialrechtlichen Fragen (z.B. wirtschaftliche Hilfen, Unterbringung im Kindergarten und Hort), Vermittlung zwischen den Familien und den Behörden, Beratung bei Familien-, Erziehungs- oder Trennungskonflikten;
Beratung für Mädchen bei Familien- und Schulkonflikten, berufliche und schulische Beratung;
Kurse für Frauen (Deutsch, Alfabetisierung, Nähkurse, Gesundheits- und Ernährungskurse) mit Kinderbetreuung; Ausflüge, Besichtigungen von Ausstellungen, Museen u.ä.
Hausaufgabenhilfe für Mädchen.

IAF — Verband bi-nationaler Familien und Partnerschaften —
Interessengemeinschaft der mit Ausländern verheirateten Frauen e.V.
Bundesgeschäftsstelle
Mainzer Landstraße 147
6000 Frankfurt 1
Tel. 069 - 73 78 98
Beratungsstelle für Frankfurt Tel.: 069 - 73 60 89

Engagement für Frieden, Völkerverständigung und Toleranz, der Kampf gegen Kolonialismus, Rassismus und Apartheid, die Gleichberechtigung von ethnischen, religiösen und anderen Minderheiten, die Förderung ihrer Kultur und Sprache sowie die Einhaltung der Menschenrechte gehören zu den Zielen. Die besondere Berücksichtigung der Lage der Frauen, ihre gleichberechtigte Beteiligung an der Gestaltung des gesellschaftlichen Lebens sowie die Entwicklung eines selbstbestimmten menschlichen Zusammenlebens der Geschlechter ist ein Schwerpunkt der Aktivitäten.
Durch Beschäftigung mit den eigenen Vorurteilen und verdeckten rassistischen Einstellungen, deren Bewußtmachung und Überwindung, sollen die Chancen und Möglichkeiten des interkulturellen Zusammenlebens kennengelernt und genutzt werden. Die Vermittlung unterschiedlicher kultureller Werte, die Förderung von Mehrsprachigkeit in der Erziehung u.a. soll zu mehr Toleranz beitragen und die Kinder dazu befähigen, in einer multikulturellen Gesellschaft zu leben und die darin verborgene Vielfalt auszuschöpfen.

Koreanische Frauengruppe in der Bundesrepublik und in Westberlin, Ortsgruppe Frankfurt
Postlagerkarte 013 471/3b
6000 Frankfurt 90
Kontaktadresse: Shin Ok-Ja, Konrad-Broßwitz-Str. 20,
6000 Frankfurt 90, Tel: 069 - 77 61 95

Die wichtigste Aufgabe der Gruppe ist, sich für Arbeiterinnen und Unterschichten einzusetzen. Die Probleme von Frauen sind nur im aktuellen, historischen und gesellschaftlichen Kontext zu verstehen. Sie sind direkt mit der Politik, Ökonomie und Kultur der jetzigen koreanischen Gesellschaft verknüpft und stehen auch im Kontext der Probleme von Frauen in anderen Ländern der „Dritten Welt". Nur durch internationale Zusammenarbeit können Unterdrückung und Ausbeutung abgeschafft werden. Die Frauengruppe setzt sich für eine Demokratisierung und eine Vereinigung von Korea ein, sie organisiert eine Sprachschule, Kulturveranstaltungen und führt Jugendarbeit durch.

National Union of Eritrea Women NUEWmn
Mainzer Landstraße 147
6000 Frankfurt 1
Tel.: 069 - 73 921 64

Die NUEWmn sieht ihre Aufgaben und Ziele im Ausbau der Beziehungen zu Organisationen, die den eritreischen Kampf um Selbstbestimmung unterstützen. Engagement für die Verbreitung der politischen und materiellen Unterstützung ihrer Sache; Einsatz im Ausland für die Förderung von Selbsthilfeprojekten.

Ökumenische Asiengruppe
Beratungsstelle für Frauen
Karlsruherstr. 5
6000 Frankfurt 1
Tel.: 069 - 25 27 42

Beratung und Betreuung von asiatischen Frauen bei Ehe- und Partnerschaftsproblemen in deutsch-asiatischen Ehen
- die von ihrem Ehemann oder Partner physisch oder psychisch mißhandelt werden,
- die als „Katalogfrauen" vermittelt werden,
- denen Rechtsberatung vermittelt werden muß,
- die Eingewöhnungsschwierigkeiten haben oder in ihr Heimatland zurückkehren möchten,
- die in der Prostitution arbeiten und um Hilfe bitten.

Außerdem leistet die Asiengruppe gezielt Öffentlichkeitsarbeit und kooperiert mit bestehenden Frauen und „Dritte-Welt-Gruppen", die im gleichen Bereich arbeiten.

Initiative LiBeraturpreis im Ökumenischen Zentrum Christuskirche e.V.
Beethovenplatz
6000 Frankfurt 1
Kontakt: Ingeborg Kaestner, Gottfried-Keller-Str. 22
6000 Frankfurt 50
Tel.: 069 - 51 91 61

Schreibende Frauen aus den Ländern der sogenannten Dritten Welt in der Bundesrepublik bekannter zu machen, das ist das Ziel der Initiative LiBeraturpreis. Zu diesem Zweck erarbeiten und verschicken wir Literaturlisten an InteressentInnen. Diese Literaturlisten geben Aufschluß über die Bücher, die von Autorinnen des Südens geschrieben, nun auf dem deutschsprachigen Buchmarkt erscheinen, oft erst viele Jahre nach ihrer Publikation im jeweiligen Heimatland. Außerdem verleiht die Initiative einmal jährlich im Vorfeld der Buchmesse den „LiBeraturpreis" an eine dieser Autorinnen.
Wir betreiben gleichzeitig Autorinnenförderung und Leseförderung und erhoffen uns von dieser Arbeit, daß wir mit dazu beitragen können über das Medium Literatur Neugier und Verständnis für das Leben und die Arbeit von Frauen in anderen Kulturen zu wecken oder zu verstärken.

Bildnachweise

Alle Schwarz-Weiß-Fotos und Reproduktionen der Ausstellungstafeln, soweit nicht anders angegeben: Ingeborg Kaestner

Alle farbigen Reproduktionen der Ausstellungstafeln: Manfred Konstanti

Internationale Beziehungen

S. 12	Ausstellungstafel 1: 1 Hildegard Schürings, 2 Deutsche Welthungerhilfe, 3 ded/Ulrich Burr, 4 gtz/Susanne Esche, 5 ded/Petra Wiegers, 6 Hildegard Schürings, 7 ded/Petra Wiegers
S. 13	Ausstellungstafel 2: 1 Rita Pahsmann, 2 gtz/R.v.Forster, 3 gtz/F.Graul, 4 gtz/Susanne Esche, 5 gtz/Uwe Rau, 6 Deutsche Welthungerhilfe, 7 gtz/Uwe Rau
S. 14:	Hildegard Schürings
S. 21:	Montage aus der Frankfurter Rundschau
S. 22:	CAFOD/Petra Röhr-Rouendaal
S. 26:	gtz/F.Graul
S. 27:	Barbara Dünnweller
S. 28:	Ausstellungstafel 5: 1 Astrid Wirtz, 2 Rede Mulher, Brasilien, 3 Barbara Dünnweller, 4 gtz/Ingo Guhr, 5 Inga Nagel, 6 Beate Müller-Blattau, 7 Regina Abelt, 8 Guy Tillim/Afrapix, 9 Rede Mulher

Internationale Arbeitsteilung

S. 36:	Koreanische Frauengruppe in der Bundesrepublik und Westberlin
S. 37:	Ute Heckroth

Flucht und Migration

S. 39:	I. Franke de Rivas
S. 40/41:	Sema I., Leila M., Marjam S.: AD - Arbeitsplatz Deutschland, Bundesministerium für Arbeit und Sozialordnung, Bonn, 2/88.
S. 43:	Anzeige der Stadt Frankfurt/Main, 1988.
S. 44:	H. Schuster
S. 46:	Collage: P. Harris Brosig
S. 51:	H. Wessel, in: Der Spiegel, 2/83.
S. 52:	Foto veröffentlicht in: Der Spiegel, 2/83;
S. 53:	H. Schürings
S. 54:	R. Gerth von Knebel

Studentinnen

S. 75:	F. Rivas Michel
S. 76:	Mara Rúbia de Andrade weitere Grafiken: F. Rivas Michel

Geschäfte mit Armut und Träumen

S. 92/95:	Montage aus: Geo Spezial Frankfurt, Nr. 5, 1988 und Prase, Gerd: Feuerteich, Frankfurt 1987
S. 97/98:	Brigitte Banck-Salzer
S. 99-104:	Illustration Kham-Laa Broschüre, Women's Information Centre (WIC) Bangkok
S. 110/111:	Hildegard Schürings

Die Herausgeberinnen

Mara Rúbia de Andrade, "ich bin Brasilianerin, lebe und arbeite frauenorientiert. In Deutschland lebe ich zusammen mit drei lieben deutschen Freundinnen auf einem Bauernhof auf dem Land. Obwohl diese Welt von Männern beherrscht wird, fühle ich mich frei, weil ich so lebe, wie ich es mir immer vorgestellt habe. "

Ines Franke de Rivas, 1958 am Bodensee geboren, arbeitet zur Zeit in der Freien Schule Frankfurt. Zuständig ist sie dort für Kunst und Werken und wird zur Zeit völlig von Kinder und Schule vereinnahmt.

Rosie Gerth von Knebel, vor 43 Jahren in einer ländlichen Kleinstadt bei Kassel geboren, nach einer Ausbildung zur Ökotrophologin doch noch Abitur gemacht. Danach Studium der Erziehungswissenschaften an der Universität Frankfurt, frauenbewegte 68erin, Psychologiestudium in Innsbruck, 7 Jahre in Chile, davon 5 Jahre als pädagogische Leiterin eines Frauenprojektes in Santiago. Seit 1987 zurück in Deutschland, Schwerpunktarbeit (neben der Schule): Frauen, entwicklungspolitische Bildungsarbeit, Lateinamerika, Psychodramaausbildung und Familie, verheiratet, zwei Kinder.

Priscilla Harris Brosig, Diplom-Pädagogin, Fremdsprachen-Lehrerin, Hausfrau, Karateka. Geboren und aufgewachsen im tiefen Süden der USA, seit den 60er Jahren in Frankfurt am Main. Sie hat eine erwachsene Tochter, einen Schwiegersohn und ein Enkelkind.

Ute Heckroth, studierte in Frankfurt Romanistik, Politik und Pädagogik. Neben ihrer Arbeit im Arbeitskreis engagierte sie sich während ihrer Studienzeit im Rahmen der Solidarität mit Nicaragua. Nach Beendigung ihres Studiums zog sie in die Schweiz, heute lebt sie mit ihrem Mann in Mocambique. „Am Beispiel des Arbeitskonfliktes bei Adler wurde mir klar, daß Wirtschaftsinteressen heute grenzenlos agieren und das nicht immer zum Vorteil der betroffenen Arbeiterinnen und Arbeiter. Frauen sind davon meist in besonderer Weise betroffen. Deshalb ist es für mich wichtig, daß Frauen über nationale Grenzen hinweg gemeinsam handeln lernen. Die Solidarität mit den Arbeiterinnen von ‚flair fashion' hat mir gezeigt, daß das möglich ist "

Ingeborg Kaestner (1943), verteilt die 24 Stunden eines stets viel zu kurzen Tages auf einen Mann, drei Söhne, derzeit 20 Grundschulkinder und verschiedene Arbeits- und Nichtarbeitsschwerpunkte: pädagogische Arbeit, Literaturförderung, Mußestunden in der Dunkelkammer und beim Sport. Sogenannte Dritte Welt-Arbeit macht sie seit 1979, davon sieben Jahre hauptberuflich. Diese Arbeit mit Frauen und für Frauen zu tun, findet sie reizvoll und zumeist sehr befriedigend.

Soo-Za Lee, aus Korea, seit 1966 in der BRD, hat als Krankenschwester gearbeitet, sie gehört seit 1976 der Koreanischen Frauengruppe an, die bundesweit organisiert ist. Im Arbeitskreis vertritt sie die Interessen dieser Gruppe und ist der Meinung, daß Unterdrückung und Ausbeutung nur durch internationale Zusammenarbeit abgeschafft werden können.

Usche Merk, geboren 1958 im traurig berühmten Memmingen, ist Diplom-Pädagogin, Alfabetisatorin und jetzt Projektkoordinatorin für das südliche Afrika. Durch die Freundschaft mit vielen Frauen (und Männern) aus aller Herren Länder hat sie in Frankfurt ein Zuhause gefunden. Dessen herrschender Rassismus und Sexismus empört sie aber immer wieder und läßt sie nicht zur Ruhe kommen.

Jaqueline Urania Moraes Varjâo, geboren 1953, hat in Brasilien Volkswirtschaft studiert und an der Universität Frankfurt den Aufbaustudiengang „Pädagogik: Dritte Welt" absolviert. Für die Ausstellung hat sie u.a. viele statistische Daten über ausländische Frauen in Frankfurt und in der Bundesrepublik gesammelt. Heute lebt sie in den USA.

Barbara Newels, freut sich über die Fertigstellung dieses Buches, weil's ihr Geburtstagsgeschenk (zum 31.) wird, lebt seit vier Jahren gerne in Frankfurt, ist Lehrerin aus Berufung (nur der RP ist anderer Meinung) und reist gerne.

Dorothée Oehm-Häneke, 15 Jahre Arbeit für amnesty international, Mitbegründerin des Menschenrechtsvereins GAM, Grupo de Apoyo Mutuo, Guatemala, Studium von Pharmazie, Romanistik (Spanisch, Französisch), Magister, 2. Staatsexamen, Aufbaustudiengang „Pädagogik: Dritte Welt"; verheiratet, eine vierjährige Tochter. Sie arbeitet z.Z. in den Bereichen Entwicklungspolitik und Menschenrechte in Lateinamerika, insbesondere Guatemala.

Parisa Pasta, als Studentin nach Europa gekommen, lebte aber seit 20 Jahren in der Emigration, zwischendurch Rückkehr in ihre Heimat Iran, Teheran, wo sie geboren und bis zum 17. Lebensjahr aufgewachsen ist, ohne Ergebnis, Rückkehr in die Emigration. "Nun bin ich 40 Jahre alt, Diplom-Pädagogin und studiere „Pädagogik: Dritte Welt". Ein Teil meines Lebens findet sich in der Ausstellung wieder."

Hildegard Schürings, 1948 geboren in einer kinderreichen katholischen Bauernfamilie in Winkeln; gelebt, gelernt und gearbeitet in Mönchengladbach, Münster, Berlin, Tübingen, Nyundo, Nshili und Kibayi (Rwanda), Bonn, Frankfurt; seit 1984 wissenschaftliche Mitarbeiterin an der Universität Frankfurt. Schwerpunkte: „Pädagogik: Dritte Welt", Erziehung und ländliche Entwicklung, Frauen und Entwicklungspolitik — Frauen zwischen den Kulturen, entwicklungspolitische Bildungsarbeit; zwischen zwei Welten lebend, in Rwanda und in der BRD.

Hinweise zur Ausstellung

Sie soll anregen, nachzudenken, ins Gespräch zu kommen ... Daher wünschen wir uns, daß die Ausstellung betreut wird, daß Führungen sowie Begleitveranstaltungen, Vorträge und Seminare zu einzelnen Themen organisiert werden. Wir empfehlen die Ausstellung besonders (Frauen-) Gruppen, Institutionen, die bereits zu dem Thema gearbeitet haben.
Die Ausstellung ist eine didaktische Einheit, sie darf nicht verändert werden, alle Urheberrechte liegen beim Arbeitskreis. Sie besteht aus **24 Stellwänden**, die auf beiden Seiten gestaltet sind, also insgesamt **44 Schautafeln** sowie einer **Viedeokassette**, einer **Walk(wo)man**, einer **Frauengruppen-Plastik**.
Die Stellwände sind mit einem Holzrahmen versehen, Höhe 2,00 m, Breite 1,05 m. Die Wände werden jeweils ineinandergehängt. Außerdem gehören zur Ausstellung 3 Fototafeln des Arbeitskreises sowie ein Plakat, auf das die „Adler-Hose" montiert wird (1,20 x 1,50 m). Die Tafeln und das Plakat sind gesondert zu befestigen. Sie erhalten eine Anleitung zum Aufbau der Ausstellung, für den mindestens drei Personen notwendig sind. Die Ausstellung ist in 6 Kisten verpackt. (Größe ca. 120 x 120 x 50 cm, Gesamtgewicht 330 kg), die mit Bahnspedition versandt werden.
Raumbedarf: Mindestens 120 qm freie Fläche sind nötig, um die Ausstellung entsprechend einem vorgegebenen Plan aufzubauen. Die Ausdehnung der Ausstellung umfaßt ca. 12 x 7 m. Sie muß von allen Seiten zugänglich sein. Die Schautafeln sind sehr gut auszuleuchten.
Kosten: Vier Wochen 1.500 DM, jede weitere Woche 150 DM, plus Versicherung. Die Kosten des An- und Abtransportes müssen von den AusstellerInnen übernommen werden. Die AusstellerInnen sind verpflichtet, die Ausstellung äußerst pfleglich zu behandeln. Der Raum muß verschließbar sein, die Ausstellung muß beaufsichtigt werden.
Zur genaueren Vorab-Information verleihen wir auf Anfrage gerne eine Pressemappe sowie Fotos der Ausstellung. Für Werbezwecke stellen wir Plakate DIN A 2 (siehe Titelblatt) zum Selbstkostenpreis zur Verfügung. In die untere rechte Ecke können die VeranstalterInnen Ort, Zeit u.a. der Ausstellung eindrucken lassen.

Anfragen richten Sie bitte nach Möglichkeit schriftlich an FaaHL. Da wir alle ehrenamtlich tätig sind, ist es schwierig, uns telefonisch zu erreichen. Nur in Notfällen rufen Sie bitte montags bis donnerstags, 9.00 bis 12.00 Uhr 069-7982680 an.
Wir freuen uns über jede Unterstützung unserer Arbeit, ideel, finanziell, inhaltlich, organisatorisch.

FaaHL — Frauen aus aller Herren Länder
Bettinastr. 64, D-6000 Frankfurt am Main 1